U0936544

珍藏本
纪念版

汉译世界学术名著丛书

民族主义

〔印度〕泰戈尔 著

谭仁侠 译

商務印書館
SINCE 1897 The Commercial Press

2017年·北京

NATIONALISM

By

Rabindranath Tagore

Macmillan and Co. ,Limited

St. Martin's Street, London

1918

根据英国伦敦麦克米伦公司 1918 年版译出

汉译世界学术名著丛书
（120年纪念版·珍藏本）
出 版 说 明

2017年2月11日，商务印书馆迎来120岁的生日。120年前，商务印书馆前贤怀揣文化救国的理想，抱持“昌明教育，开启民智”的使命，立足本土，放眼寰宇，以出版为津梁，沟通中西，为中国、为世界提供最富智慧的思想文化成果。无论世事白云苍狗，潮流左右激荡，甚至战火硝烟弥漫，始终践行学术报国之志，无改初心。

迻译世界各国学术名著，即其一端。早在20世纪初年便出版《原富》《天演论》等影响至今的代表性著作，1950年代后更致力于外国哲学和社会科学经典的译介，及至1980年代，辑为“汉译世界学术名著丛书”，汇涓为流，蔚为大观。丛书自1981年开始出版，历时三十余年，迄今已推出七百种，是我国现代出版史上规模最大、最为重要的学术翻译工程。

丛书所选之书，立场观点不囿于一派，学科领域不限于一门，皆为文明开启以来，各时代、各国家、各民族的思想与文化精粹，代表着人类已经到达过的精神境界。丛书系统译介世界学术经典，引领时代思想，为本土原创学术的发展提供丰富的文化滋养，为推动中国现代学术和现代化进程做出了突出的贡献。

为纪念商务印书馆成立120周年，我们整体推出“汉译世界学术名著丛书”120年纪念版的珍藏本，寄望既利于文化积累，又便于研读查考，同时向长期支持丛书出版的译者、编者和读者致以敬意。

两甲子后的今天，商务印书馆又站在了一个新的历史时间节点上。我们不仅要铭记先辈的身影和足迹，更须让我们的步伐充满新的时代精神。这是商务人代代相传的事业，更是与国家和民族的命运始终紧密相连的事业。我们责无旁贷，必须做好我们这代人的传承与创造，让我们的努力和成果不仅凝聚成民族文化的记忆，还能成为后来人可以接续的事业。唯此，才能不负前贤，无愧来者。

商务印书馆编辑部

2017年10月

出版说明

本书作者罗宾得罗那特·泰戈尔(1861—1941)是印度的诗人、作家、艺术家和社会活动家,而以诗人闻名于世。他出生于加尔各答一个望族家庭,七岁时即学习作诗,十六岁发表《诗人的故事》。1887 年,去英国攻读法律两年,回国后从事文学创作。作品中,尤其是小说,对封建势力和殖民主义统治下的下层人民的痛苦处境表示同情,对种姓制度和官僚专横表示谴责。他是一位多产作家,一生除创作五十多部诗集外,还有二十余种剧本、十二部中长篇小说、百余篇短篇小说、两千多首歌曲、一千五百多幅画,以及散文、哲学、政治论文、回忆录、游记等多种。他所作的歌曲《人民的意志》于 1950 年定为印度国歌。他的抒情诗《吉檀迦利》于 1913 年获得诺贝尔文学奖奖金。他的各种作品在印度国内外有广泛的影响。

泰戈尔是伟大的爱国主义者,毕生追求祖国的独立自由,而且在国际上主持正义。第一次世界大战时,曾与巴比塞、罗素、勃兰等人组织"光明团",到处奔走和平。1937 年,中国人民的抗日战争爆发后,泰戈尔对日本军国主义的野蛮行径表示了严正的谴责。第二次世界大战前夕,他对帝国主义分赃的慕尼黑会议也进行了斥责。

泰戈尔酷爱中国文化，对中国人民有特殊的友好感情，是中国人民的好朋友，曾两次访问中国。在他的倡导下，印度国际大学于1937年成立“中国学院”。我国为纪念他诞生一百周年，于1961年出版了十卷本的《泰戈尔作品集》。

本书为泰戈尔1916年访问日、美两国时的讲演稿，是体现他的政治思想的论著之一。他认为，“民族”的概念是人类的发明，利用它可以推行利己主义。自民族开始出现以来，就给世界带来魔鬼般的恐怖。西方民族主义的核心，就是冲突和征服精神，它像捕食的野兽那样，总得有它的牺牲，而且为增加取得牺牲的地盘而互相斗争。这种斗争，必然给人类带来灾难。他在谈到不列颠民族对印度的统治时说，被这个民族控制的政府，就像紧箍双脚的鞋子一样，限制了印度人的前进步伐，不列颠民族机器的触角已伸进了印度的土壤深处，吸吮着印度的营养。

泰戈尔崇尚东方文化，反对亚洲照抄西方，主张要用东方思想创出一条新路，用新的创造作为对人类的献礼。他对近代日本的发展成就表示赞赏，认为日本冲破了旧习惯的束缚，以最先进的成就赶上了现时代。但是他并不相信日本的变化是来自模仿西方。他认为，日本继承了古老的文化遗产，而且进入了生气勃勃的时代，这对亚洲其他地方是一种鼓舞。至于印度，泰戈尔提出，印度人要消除缺乏自尊心、完全依赖统治者的观念和社会风气；应该向统治者显示，印度自己拥有道义力量，有为真理而受难的精神；印度要向西方介绍东方，使西方相信，东方在历史的形成方面有它自己的贡献。

泰戈尔所以主张发扬东方思想，是他认为欧洲固然有伟大的艺术，有征服大自然的力量来为人类服务的许多产品，但同时也要看到产生于欧洲而流行于世界的政治文明的基础是不牢固的，是排他的、自私的，是靠别国养活自己，并企图吞噬所有弱小民族的。而且这种文明自身也是问题重重，如个人和国家之间、劳资之间的冲突，物质利益的贪欲和个人生活之间的冲突，以及民族的自私自利和人类崇高理想之间的冲突，等等。这些问题都还没有找到圆满的解决办法。

尽管泰戈尔的思想和世界观是矛盾的，但他早在七十多年前就提出发扬东方文化，力主东方文化要在人类历史的发展中作出应有的贡献；强调东方民族学习西方时，不要丧失自己的灵魂和信心；尤其是他揭露西方民族对东方民族的残酷统治以及西方民族的内在矛盾；主张人类要拥有道义真理，等等，都是具有进步意义的，至今还是值得研究和参考的。

1925年，我们曾根据本书的法文译本出版过中文文言译本，书名为《国家主义》。现在，我们又根据英文本重新译出，书名改为《民族主义》。

1981年6月

目　　录

西方的民族主义

人类的历史是随着它所遭遇的困难而形成的。这些困难给我们提出了问题,要求我们去解决;解决不了就要受到惩罚:不是死亡就是衰落。

地球上各族人民遇到的困难互不相同,克服困难的方式方法也不一样。

亚洲历史上早期的西塞亚人,不得不同自然资源缺乏的情况作斗争。他们所能想到的最简便的解决办法,是把他们的全部人口不分男女和儿童结成一伙伙匪帮。对那些主要从事社会合作的建设性工作的人们来说,他们是不可抵御的。

对人类说来,幸亏最简单的解决办法并不是真正的解决办法。如果人类本性不像它实际上这样复杂,如果人类本性像一群饿狼那样简单,那么,现在那帮以掠夺为生的人就会蹂躏全球。但是,人类在面临困难时,不能不承认自己是人类,有责任发挥人类本性所具有的较高的智能,如果忽视这种责任,也许能够获得眼前的成功,可是这会使人类掉进死亡的陷阱。因为对低级动物的障碍,就是为高尚的人类生活提供了机会。

种族问题是印度有史以来就存在的问题。人种学上不同的种族,在我国发生了密切的联系。这个事实,曾经是、并且仍然是我国历史上最重要的事实。我们的使命是正视它,并且通过最实事求是的对待,以证明我们的博爱。在完成这个使命之前,我们将得不到任何其他好处。

世界上其他国家的人民,不得不克服自然环境给他们带来的障碍或者他们的强大邻邦的威胁。他们组织起自己的力量,一直到他们不仅能够合理地摆脱大自然和邻邦的暴虐,而且手中还有余力可以用来反对别人。但是在印度,我们的困难在于内部,我们的历史,是持续不断地进行社会调整的历史,而不是为了防御和侵略而组织起力量的历史。

人类历史的目标既不是含糊不清的世界主义,也不是狂热的民族自我盲目崇拜。印度一直在努力完成它的任务,一方面调节社会分歧,另一方面承认精神团结。但是它在种族之间筑起了过于森严的壁垒,并且在等级划分中使低贱者的地位永久化,这就犯了严重错误。它常常摧残本国儿童的心灵,缩小他们的生活范围,使之适应它的社会模式。但是几百年来,它已经进行了新的实验,并且作出了调整。

印度的使命像一个主妇的使命:它不得不为众多的客人准备适当的款待,而这些客人的习惯和要求又是各不相同的。因此产生了无穷的麻烦。而麻烦的解决,不仅有赖于机智,而且有赖于同情心和人类团结的真正实现。从早期的奥义书时代直到现在,许多伟大的精神导师为实现人类团结进行了工作,他们的唯一目的就是用我们对上帝的觉悟来蔑视人类的一切分歧。事实上,我们的历史并不是王国盛衰的历史,也不是争夺政治霸权的历史。在我国,有关这些时代的记载,人们不屑一顾,而且已经置诸脑后,因为它们决不代表我国人民的真正历史。我国的历史是关于我们的社会生活和实现精神理想的历史。

但是我们认为我们的任务尚未完成。世界洪流荡涤着我国，新的东西已经引进，更大规模的调整有待于进行。

因为西方的教导和榜样同我们认为印度需要实现的目标完全相反，我们就更有上述这种感觉了。在西方，民族的商业和政治机器制造出来的，是整齐的、经过压缩捆扎的人类货包，它们都有用处，而且有很高的市场价值；但是它们都用铁条捆扎，按照科学，细致而精确地贴上标签，分门别类。显然，上帝使人成为人类；但是这种现代产品带着庞大制造业的气味，做得这样奇迹般的完满，使造物主发现很难认出它是具有精神的东西，是按照造物主自己的非凡的想象造成的创造物。

然而，我怀着期望。我要说的是：无论你喜欢用什么精神来看它，这里是印度，是至少有五千年历史的印度，它力求和平地生活和深思熟虑。这是没有任何政治的印度，不是多民族的印度。它的唯一抱负是要了解这个作为灵魂的世界，要每时每刻生活在崇敬谦恭的精神之中，生活在同这个世界的永恒的和个人关系的愉快意识之中。正是在人类这一边远部分，人们的举止像孩子，智慧如长者，西方民族才闯了进来。

尽管印度的早期历史上充满着斗争、阴谋和欺诈，它仍然是超然的。因为在它的家庭、田野、寺庙和学校里，师生共同生活在纯朴、献身和求知的气氛中；它的乡村自治政府，采用了简便的法律与平和的行政管理——所有这一切，都是真正属于它的。印度关心的不是它的历代帝王。他们像掠顶浮云一样，时而染上瑰丽的色彩,时而乌黑一片,雷霆惊人。他们常常带来破坏,但是像天灾一样,他们不久就被人们遗忘。

但是现在情况不同了。现在不只是一片过眼烟云掠过它的生活表面,什么骑兵和步兵,装饰华丽的大象,白色的帐篷和华盖,一队队驮着沉重贡物的骆驼,一队队敲着铜鼓、吹着横笛的乐队,大理石的圆顶清真寺、宫殿和陵墓,像豪华的美酒泛起的泡沫一样转瞬即逝;也不是关于叛逆和忠贞,幸福的得失,命运的突然遭遇的故事。现在是西方的民族用它的机器的触角伸进印度土壤的深处。

所以我对你们说,正是被称为见证人的我们,要为我们民族同人类的关系提供证明。我们知道游牧民莫卧儿人和帕坦人曾经入侵印度,但是我们知道他们是人类当中的种族,他们有自己的宗教和习惯,有自己的爱和憎,但是我们从来不知道他们是一个民族。我们有时爱他们,有时恨他们,我们曾为他们打过仗,也打过他们;我们用他们的语言也用我们自己的语言同他们交谈,在支配这个王朝的命运方面,我们有着积极的贡献。但是现在,我们不得不与之打交道的并不是国王,也不是人类当中的种族,而是一个民族,而我们本身并不是民族。

现在让我们按照自己的经验来回答这个问题吧。这个民族是什么呢?

就人们在政治经济上的联合意义而言,民族就是全体居民为了机械目的组织起来的那种政治与经济的结合。这样的社会没有长远的目的,它本身就是目的。作为一种社会存在,它是人的自发的自我表现。它是人类关系的自然准绳,使人们能够在互相合作中发展生活理想。它也有政治的一面，但那只是为了特殊的目的，也就是为了保存自我。这仅仅是力量的那一方面，而不是人类理想的方面。在早期，这种联合在社会上占有单独地位，只限于各种职业的从业人员。但是由于科学的帮助和组织的完善，这种力量开始增长并且产生大量财富，于是它以惊人的速度越出它的界限，驱使它邻近的所有社会贪婪地追求物质繁荣，结果互相妒忌，互相惧怕对方变得强大。这时它再也不能遏制自己，因为竞争愈演愈烈，组织发展得愈加庞大，自私自利取得了至高无上的地位。它利用人的贪欲和恐惧，在社会上占据了越来越大的地盘，终于成为社会的统治力量。

它之所以成为可能，乃是由于你不知不觉地看不到社会的活生生的联系正在瓦解，并且为单纯的机械组织所取代。但是你到处都可以看到它的迹象。男女之间的冲突由此发生，因为将他们和谐地维系在一起的纽带扯断了；因为男人被迫职业化，为自己和别人生产财富，为了自己或普遍的官僚作风而不断地推动权力的车轮，使妇女独自衰亡，或在无援的情况下为自己奋斗。这样一来，在自然合作的地方却为竞争所侵入。男女相互联系的心理发生变化，变成原始的争夺者的心理，而不是通过以共同放弃自私为基础的联合探求人类完善的人类心理。因为失去现实生活联系的分子，也就失去了自己生存的意义。如同气体勉强装进过小的容器一样，它们在其中不断地互相排斥，一直到把这个限制它们的容器冲破为止。

现在，我们看一看那些自称无政府主义者的人，他们憎恨以任何形式将权力强加于个人。唯一的理由是，这种权力过于抽象——它是在民族的政治实验室里使个人的人性消亡而制成的科学产品。

经济领域的罢工又意味着什么呢？这些罢工像荒野里带刺的灌木一样，每次被砍掉以后不是又重新茁壮成长么？制造财富的机器不停地增长，成为与社会的所有其他需要很不协调的庞然大物，它的重量越来越把人类的全部现实压得粉碎，难道不是这样吗？这种状况不可避免地在那些失去全部和健康的人类理想的人们之间引起永久的不和，劳资之间发生无休止的经济冲突。因为对财富和权力的贪欲永无止境，对自私自利的妥协从来不能实现最终的和解。它们一定孕育着妒忌和猜疑，直到这样的结局：不是发生某种突然的灾难，就是出现精神上的新生。

这种政治经济组织的别名就是民族，当它靠牺牲高尚的社会生活的和谐而变得力量无限之时，也就是人类的遭殃之日。当一个父亲成为赌徒，家庭义务在他心目中降到次要地位的时候，他就不再是一个人了，而是一个被贪欲诱使的动作机械的动物。于是他能够做出在正常心理状态下会感到羞耻的事情。社会也是一样。当它变成一个完全的权力组织的时候，就很少有它干不出的罪恶勾当。因为功利是一部机器的目的和检验机器价值的根据，而善良只是人的目的和意愿。当这个组织的发动机开始变得庞大，而构成这个组织的人变成这个机器的部件的时候，作为个人的人，就不复存在，一切都成为由这部机器的人类部件所实现的一种智慧的运转，不存在任何怜惜或道义上的责任。可能发生的是，人的道义本性试图通过这个装置为自己申辩，但是一整套绳索和滑轮在叽嘎作响，人类的内心的力量湮没在人类自动机的运转中，道义上的目的只能艰难地获得某种畸形的结果。

这种抽象的存在——民族,正统治着印度。我们已经在我们国家看到某种牌号的罐头食品,被大肆宣扬为从制造到包装从未接触过人手。这种描述适用于对印度的统治,这种统治也是尽可能不用人的手的。总督不需要懂得我们的语言,他们只同官员接触,不需要同我们进行个人接触。他们可以在遥远的地方支持或阻止我们想要做的事情,他们可以根据某种方针路线领导我们,然后又玩弄权术把我们拉回来。英国报纸对伦敦街头的事件以某种适当的同情加以报道,但是对印度的有时比不列颠诸岛面积还大的地区里所发生的灾难,却很少予以注意。

但是,我们被统治者不只是一种抽象的东西。我们自己都是有着生动感情的个人。以纯粹冷酷的方针对待我们,可能刺进我们生命的要害,可能由于一种永恒的软弱无援的状态而威胁我们人民的整个未来,可是决不可能在另方面触动人的心弦,或者以极其微弱的方式去触动它。这种令人畏惧的责任,它的全部的和普遍的行为,在人还是一种个别的人,处于这样茫然无知的状况下,是永远不能完成的,只有在多方伸手进行控制的抽象的势力代替人的情况下,才是可能的;这种势力向四面八方伸出它的蠕动的触角,并且把它无数的吸管甚至伸到遥远的未来。在民族的这种势力的支配下,猜疑追随着被统治者;这是一种有组织的智力和力量的大量猜疑。惩罚的执行,在人的心灵上留下了一大片悲痛的苦难伤痕;但是这种惩罚是由一个纯粹的抽象力量给予的,这种力量已使一个遥远国家的全体居民丧失了个性。

然而,我在这里要讨论的不是影响我自己国家的问题,而是影响全人类的未来问题。这不是英国政府的问题,而是民族支配的政府的问题。这个民族就是全体人民的有组织的自身利益,它的人性和精神微乎其微。我们有亲身体验的民族是不列颠民族,就这个民族所支配的政府而论,有理由认为它是最好的一个。再者,我们不得不认为,对于东方来说,西方是必不可少的。我们可以互相补充,因为我们的不同的生活观,使我们看到真理的不同方面。因此,假如西方精神果真像暴风雨那样来到我们的土地上,那么它撒下的却是永远有生命力的种子。在印度,当我们能够在我们的生活中同化西方文明中永恒的东西时,我们将处于协调两个伟大世界的地位。那么,令人恼恨的单方面的统治将会结束。更重要的是,我们不得不承认印度的历史并不属于一个特定的种族,而是属于一个创造过程。世界上不同的种族对这个过程都作出了贡献,其中有达罗毗荼人和阿利安人,古希腊人和波斯人,西方和中亚的伊斯兰教徒。现在终于轮到英国人忠于这个历史了,他们为历史带来了生活的献礼。我们既没有权利也没有力量排除他们参与建设印度的命运。所以我说的民族,更多地是同人类历史有关,而不是同印度历史特别有关。

人类历史已经到了这样的阶段:有道德的人、完善的人,在几乎是不自觉的情况下,越来越屈从于为这个政治的和商业的人——只有有限目的的人,让出地位。这个过程借助于科学的惊人进步,正十分得势,引起人的道德上的混乱,使人性方面在没有灵魂的组织的阴影下,变得模糊不清。我们感到它像铁钳似的紧紧钳着我们生命的根柢。为了人类,我们应当挺身而出,对所有的人发出警告:这种民族主义是一种席卷当今人类世界并吞噬它的道德活力的残酷瘟疫。

我对作为人类种族的不列颠种族深为敬爱。它产生了胸怀开阔的人,具有伟大思想的思想家和伟大业绩的实行家。它产生了伟大的文学。我知道这些人爱好正义和自由,憎恨欺骗。他们思想纯洁,态度坦率,笃于友谊;他们的行为诚实可靠。我同这个种族的文人的个人接触,使我不仅钦佩他们的思想能力和表达能力,而且钦佩他们豪爽的人性。我们感觉到这个人民的伟大,就像我们感觉到太阳一样;至于这个民族,对我们来说却像一种遮蔽太阳的沉闷的浓雾。

由民族支配的这个政府,既不是英国式的,也不是任何其他的东西;它是一种应用科学,因此不管在什么地方用它,它的原则都是大同小异的。它像一部水压机,它的压力是一种无情的压力,因而十分有效。它的功率会因不同的发动机而异。某些水压机甚至可能用手驱动,因而紧张中还留有适当松弛的余地。但是在精神实质上和方法上,它们的区别都是微小的。我们的政府以往可能是荷兰式的、法国式的或葡萄牙式的,而它的基本特征会同现在的特征几乎一样。也许只是在某些情况下,它的组织不是那样完善,所以还可能遗留某些人性的残余,允许我们同某种类似我们自己的跳动的心脏的东西打交道。

在这个民族统治我们以前,我们曾经有过其他的外国政府。这些政府像一切政府一样,它们本身也有某种机械的成分。但是它们和这个民族支配的政府的区别,犹如手织机和动力织机的区别。手摇织机的产品,表现出人的活生生的手指的魔力,它的嗡嗡声和生命的音乐交融在一起。但是动力织机在生产中是无情的、没有生命的，准确而且单调。

我们必须承认，在以前的个人政府统治时期，有过专制、不公和讹诈的事例。它们造成苦难和不安，我们乐于从中得到拯救。法律的保护对我们来说不仅是一种恩惠，而且是一种有益的教训。它正教导我们，纪律对于文明的稳定和持续不断的进步，是必不可少的。通过法律保护，使我们懂得有一种正义的普遍标准，所有的人，不论他们的种姓和肤色如何，都有要求平等的权利。

当前，印度政府的这种法律统治，已经在我们这个幅员广大、居住着不同种族和风俗习惯的人民的国家里建立起秩序。它使这些人民有可能更密切地互相交往，并培育共同的理想。

但是在印度不同种族之间建立这种普遍联系的同志关系的愿望，已经成为西方精神的成果，而不是西方民族的成果。在亚洲，无论人民在何地得到西方的真正教益，它都是无视西方民族的。只因日本能够抵抗西方民族的统治，它才能从西方文明中获得最大的好处。虽然中国的道德精神和物质生活的源泉受到本民族的毒害，但是它为接受西方的最好教益而进行的斗争，如果不受民族的阻挠，还是可能成功的。不久以前，波斯在西方的召唤下刚从长期的沉睡中觉醒，很快又被民族蹂躏得死气沉沉。同样的现象也出现在我们的国家，我国的人民是好客的，但是事实证明民族本身并非这样，它使一个东方客人作为他自己祖国的人类的一员，在你们面前感到屈辱。

在印度，我们正在遭受由于西方精神和西方民族的冲突而造成的痛苦。民族吝啬地将西方文明的好处施舍给我们，力图将施舍物的营养尽可能限定到接近维持生命力的最低程度。分配给我们的教育份额少得可怜，应该是对一个西方人的尊严的侮辱。我们看到这些国家的人民是如何受到鼓励和训练，得到一切便利条件，使他们自己适应遍及全世界的商业和工业的伟大运动，而我们在印度所得到的唯一帮助，不过是由于落后而遭到这个民族的讥笑而已。这个民族剥夺我们的机会，把我们的教育减少到为外国政府办事所需要的最低限度。而这样做时，它辱骂我们，一心散播傲慢自大的讽刺与嘲弄，说东方就是东方，西方就是西方，二者决不会汇合到一起，以此来抚慰它的良心。如果我们一定要相信我们这位老师的责骂，说印度经过他的将近两个世纪的教育，不仅仍然不适宜于自治，而且也不能显示它在智能上的成就，难道我们一定要归因于西方文明固有的某些东西和我们天生地不能接受它，或者一定要归因于肩负使东方文明化的白种人的重担的这个民族的精明的吝啬行为吗？我们可以承认，我们缺乏日本人民具有的某些品质，但是要说我们的智力同他们的智力相比是天生的无能，即使反驳这种说法是危险的，我们也不能接受。

事实上，冲突和征服的精神是西方民族主义的根源和核心；它的基础不是社会合作。它已经演变为一种完备的权力组织，而不是精神理想。它像一群捕食的野兽，总得有它的牺牲品。它是真心不能忍受看到它的猎场变为耕地。实际上，这些民族为了增加牺牲品和地盘，正在相互争斗。所以，西方民族的作为像堤坝一样，阻挡西方文明自由流入并非民族的国家。因为这种文明是权力的文明，所以它有排他性，它自然不愿意对它选定的剥削对象敞开它力量的源泉。

但是道义的规律依然是人类的规律，而排他的文明，依靠别人繁荣兴旺，却不让别人得到它的好处，这就宣判了它本身在道义上的死刑。由这种文明产生的奴役，不知不觉地耗尽了它对自由的爱好。它用以强压在人间受难者的无可奈何的状况，时时刻刻对创造这种文明的力量产生引力作用。大部分世界正在被民族剥夺了它的自给自足的生活，这总有一天要变成民族的最可怕的负担，将它拖进毁灭的深渊。每当权力清除道路上的障碍以便顺利前进的时候，它总是得意扬扬地将自己驱进最后的覆灭。它的道义的制动器，在不知不觉的情况下一天比一天失灵了，舒适的平光大道，成了它的死亡之路。

在西方文明的所有东西当中，西方民族最慷慨地给予我们的就是法律和秩序。当我们的教育奶瓶接近无奶、卫生事业绝望地吮吸自己的大拇指时，军事组织、地方行政公署、警察、刑事侦查部、特务系统等等，却成了套在它们腰部的畸形肚带，占据了我国的每一寸地方。这是为了维持秩序。但是，难道这种秩序不正是一种消极的东西吗？难道它是为了给人们生活的自由发展提供更大的机会吗？它的完善是一只蛋壳那样的完善，它的真正价值在于给小鸡和它的孵化提供安全保障，而不在于为吃早饭的人提供方便。单纯的管理是非生产性的，它不是创造性的，也不是一种活的事物。它是一台蒸汽压路机，重量和功率大得可怕，它有用处，但是无助于使土壤变得肥沃。在进行了大量的艰苦工作以后，它给我们带来了和平的恩惠，这时候我们才可以低声说："和平固然好，但是不如生命好，生命是上帝的伟大恩赐。"

另一方面，我们以前的政府非常缺乏现代政府的许多长处。但是因为那些政府不是由民族支配的政府，它们的结构松散，还留有很大的间隙，我们自己的生命之线可以通过间隙织成它的图案，我确信，在那些日子里，确有我们极端讨厌的东西。但是我们知道，当我们在布满沙砾的地面上赤脚行走时，我们的双脚会逐渐适应这种冷漠土地上的异常状况；我们的鞋子里如果进入一颗小砂粒，我们是决不能忘记这件事的。这些鞋子就是由民族支配的政府——它紧箍着我们的双脚，用封闭的方式限制我们的脚步，我们的双脚只有些微的自行调节的余地。所以，当你拿出统计数字将我们的双脚在过去碰到的沙砾数和目前制度的缺点进行比较时，这些统计数字几乎触及不到问题的实质。这不是外在障碍的数量问题，而是个人相对地无力克服这些障碍的问题。这种对自由的限制是一种更为根本的弊端，不在于它的数量，而在于它的性质。我们只好承认这种自相矛盾的说法：当西方精神在自由的旗帜下前进的时候，西方民族却在铸造它那种在整个人类历史上是最无情和最牢固的组织锁链。

当印度人不在这个组织的政府的统治之下时，很大的灵活变化，足以鼓舞有力量和有精神的人感到自己掌握了自己的命运。预想不到的希望，从来不是没有的；统治者和被统治者的想象力在创造历史的过程中都能比较自由地发挥作用。我们面对的未来，不是一堵死硬的用花岗石砌成的墙，它永远阻挡我们显示和发展自己的力量，造成这种绝望局面的原因，是使人惊呆的科学方法从根本上削弱了这些力量。因为并非民族的国家的每一个个人，完全处于整个民族的控制之下——民族的不倦的警惕，乃是一部机器的警惕，没有人类那种宽容或分辨的能力。只要稍微一按按钮，这个组织就像怪物一样大睁眼睛，广大的被统治者当中，没有一个人能逃过它那寻根究底的丑恶凝视。只要稍微拧一下它的螺丝钉,只要拧动一点点,控制就紧缩到令人窒息的程度,广大居民当中,每个男女和儿童,在他们自己国家或者甚至在国外任何地方要想逃脱都是不可想象的。

这个非人类的东西,以它持续的和巨大的呆板的压力压在活的人类身上,现代世界就是在这种压力下不停地呻吟着。不仅是从属的种族,还有你们,生活在自己是自由的幻想中的你们,每天都为这个民族的偶像牺牲你们的自由和人性,都是生活在遍及全世界的猜忌、贪婪和恐慌严重的毒化气氛之中。

我在日本看到全体人民自愿地听任他们的政府整顿他们的思想,削减他们的自由。这个政府通过各种教育机构限制他们的思想,制造他们的感情,在他们露出向往精神生活的迹象时,就以猜忌之心提防他们,带领他们沿着狭窄小道走向必须按照它自己的秘方完全将他们焊接成一个整齐划一的群体,而不是走向真实的境界。人民愉快而骄傲地接受这种普遍的精神奴役,因为他们渴望将自己变成一架叫做民族的权力机器,并在他们的集体的尘世利欲方面胜过其他机器。

当问到它的道路是否明智时,这个新皈依的狂热的民族主义信徒回答说:“只要民族在这个世界上到处蔓延,我们就没有自由发展高尚人性的选择自由。我们必须利用我们所拥有的一切能力抵御这个祸害,使我们自己最大限度地取代它。因为现代世界唯一可能的兄弟情谊就是流氓的兄弟情谊。”最近日本大肆庆祝日本和俄国之间确认相爱的兄弟联合,并不是因为基督精神或佛教精神的任何突然复兴,不过是因为它是按照现代信念建立起来的联合，相信互相的流血威胁是一种较为可靠的关系罢了。不错，人们不能不承认这些事实是民族世界的事实，而它的唯一教训是地球上一切国家的人民应当竭尽他们的体力、智力和道义力量，在有影响的搏斗中互相击败对方。古时候斯巴达全力以赴使自己变得强大，它通过摧残人性的确做到了这一点，并且在这种严重摧残中死亡。

现代由于人性衰弱而引起的苦难，不限于受支配的种族，而在那些迷信自己有自由的人民当中甚至为害更为严重，因为他们不知其害，而且咎由自取。了解这个事实，我们并不感到安慰。为了利润和权力，用更高尚的生活理想做交易，那是你们自己的自由选择。你们不惜糟蹋灵魂以图暴发，那就悉听尊便。但是，你们组织整个民族的自我扩张本能达于登峰造极，并称之为好事，难道你们不应对此负责么？试问在人类历史上，在它的最黑暗时代，曾经有过什么像民族这种可怕的灾难么，它的毒牙不是深深叮进尘世的赤裸裸的肉体，而且永不放松么？

你们西方人制造了这种反常的事物，能否想象这个受苦人栖息的世界上那种凄凉的绝望情景，而这些人不是由组织者像魔鬼似的加以无形的控制么？你们能否设身处地想一想这些人，他们似乎命里注定要使他们自己的人性受到永世的折磨，他们不但要忍受不断贬低他们人格的痛苦，甚至要提高嗓门为一个机械装置的仁慈大唱赞歌，赞美它不停地拙劣地模仿着天意么？

难道你们没有看到，从民族开始出现以来，它所带来的恐怖就是使全世界为之战栗的那种魔鬼般的恐怖么？哪里有黑暗的角落，哪里就有对它的暗算的疑惧；在它看不见的这种恐怖的背后，人们在永久不信任的情况下生活。邻人的每一脚步声，每一动作的沙沙声，都给周围带来毛骨悚然的恐惧。而这种恐惧是人的本性中一切卑鄙之本。它使人对于残酷无情的行为几乎公然不以为耻。狡猾的谎言成为自我庆幸的事情。庄严的保证成了滑稽剧——正因为它庄严而显得可笑。民族用它全部的权力和财富的装饰品，用它的旗帜和虔诚的赞歌，用它在教堂里的亵渎神明的祷告，以及它在文学上装模作样的爱国的自吹自擂，都掩盖不了这样的事实：民族是民族的最大祸害，它的全部预防措施都是针对它的，它的任何一个伙伴刚一降生到人世间，它的头脑里就随着产生对新灾祸的恐惧。它的唯一愿望是利用世界其余地方的软弱，像在牺牲品的瘫痪的肉体上取食的昆虫一样，为了可口又有营养而使这些牺牲品足以活下来，它随时准备将它的毒液送进其他活着的人民的心脏，这些人民还不是民族，所以是善良无害的。因此，民族在亚洲已经有而且仍然有着最富饶的牧场。伟大的中国富有古老的智慧和社会道德、勤劳和自我克制的素质，像一头大鲸鱼一样唤起了民族心目中掠夺的欲望。它的颤抖的躯体带着由民族——科学和自私自利的奴隶——准确射中的渔叉。它为了摆脱人类传统的束缚，为了它的社会理想，穷尽一切办法为自己掌握现代效率所作的可怜的尝试，每一步都受到民族的阻挠。它的身上缠绕着不断紧缩的民族的财政绳索，试图将它拖到岸边，分割成碎片，然后公开奉献上帝表示感恩，感谢上帝支持一种现存的邪恶，消除出现一种新的邪恶的可能性。尽管如此，民族一直在要求历史感谢它，让它的剥削永世长存；命令它的吹鼓手在世界各个角落吹打起来，宣布它自己是世上精华，人类之花，上帝允准用它的全部力量猛击非民族世界的无保护的脑壳。

我知道你们的劝告是什么。你们会说,将你们自己组成一个民族,并且抵抗这种民族的侵犯。难道这是真正的劝告吗?难道这是人对人的劝告吗?为什么有这种必要呢?假如你们说,在你同人的关系中要更善良,更公正,更真实,节制贪欲,过简朴健康的生活,使你对人类神圣的觉悟在表现上更加完善,那我会很相信你们的。但是,难道你们一定要说,对我们自己最珍贵的是机器而不是灵魂,人的得救取决于训练自己很好适应轮子来回转动的那种死气沉沉的节奏么?难道一定要说,在无休止的政治斗牛戏中,机器必须同机器相斗,民族必须同民族相斗么?

你们说,这些机器为了相互保护,会在恐惧的密谋的基础上达成协议。但是这种蒸汽锅炉式的联合会给你们提供那种有它自己的良心和它自己的上帝的精神吗?在恐惧不会约束你的世界上大部分地方那将会怎么样呢?那些并非民族的国家在风箱、铁锤和螺丝刀的肆无忌惮的淫威之下,现在无论享有什么安全,都是列强互相嫉妒的结果。但是当它们不是许多单独存在的机器,而是被铆合一起的一个欲壑难填的商业和政治怪物的时候,难道还留有一线希望给其他人吗?这些人在活着,在受苦,在相爱和崇拜,在沉思和谦恭地工作着,但是他们唯一的罪过难道不是没有组织起来么?

然而,你们却说:“那没有关系,无能力的人一定要失败——他们要**灭亡**,这就是科学。”

不,为了使你们自己得救,我要说,他们要活下去,这就是真理。我极为大胆地这样说,但是我断言,人类世界是道义的世界,不是因为我们盲目地相信它，而是因为事实就是这样，对我们来说，不顾这个事实是危险的。不能为了维护人类的道义本性而把它随意加以割裂。你们不能为了你们的国内消费用保护性的关税壁垒来保护它，而在国外却让它尽量适应自由贸易。

现在，当残酷的战争已经将它的魔爪伸进欧洲的要害的时候，当欧洲积累的财富正在战火中化为灰烬，欧洲的人性在战场上被搞得支离破碎的时候，难道你们还不相信这个真理吗？你们惊讶地问道，它究竟干了什么而应该得到如此报应？回答是，西方已经在让它的道义本性完全变成化石，以便为它那巨大的无形的效率打下坚固基础。它一直在用饥饿将个人的生命变成适应职业需要的生命。

在你们欧洲的中世纪，纯朴的和自然的人满怀炽热的激情和期望，力图调和肉体和精神之间的冲突。欧洲在生气勃勃的青年时代经受了狂风暴雨的锻炼，世俗力量和精神力量对它的本性都起了强烈的作用，并且完整地塑造了它的道义人格。欧洲在人性上的全部伟大之处，都依赖于那个时期的锻炼——人的完善的锻炼。

接着到了理智的和科学的时代。我们都知道，理智是不受个人感情影响的。我们的生命和我们的心灵，同我们不可分离地在一起，但是我们的意识可以离开具体的人，它只能在思想领域里自由活动。我们的理智是一个苦行者，他赤身裸体，不吃，不睡，没有欲望，感觉不到人类的爱、恨与怜悯，他只是通过生命的交替进行推理，而不动感情。他探索事物的根底，因为他同事物本身没有个人关系。语法家通过一切诗歌没有阻挡地找到词根，因为他寻求的是词的规律,而不是诗歌的真实性。当他找到规律的时候,他就能够教授人们怎样掌握词汇。这是一种力量,是实现人类的某种特殊用途、某种具体需要的力量。

真实性就是和谐,它对事物的各个组成部分进行全面的平衡。打破这个平衡,去掌握游离不定、互相斗争的原子,是没有意义的。那些贪求权力的人,力图控制这些原来的斗争成分,并通过某些狭窄的渠道迫使它们用暴力为人的某些特殊需要效劳。

这样来满足人的需要是一件大事。它为人提供了物质世界的自由。它赋予人一种幅度更大的时间和空间的利益,使他能够在较短的时间和更大的空间内处理事情,得到更充分的好处。所以,他能够容易地胜过那些生活在一个时间较慢和空间未充分利用的世界里的人们。

力量的发展速度越来越快,而且因为它是从人分离出来的一部分,所以它很快超过了完整的人性。道义的人依然落在后面,因为他不得不同事物的整个现实打交道,而不只是同事物的规律打交道,这种规律同个人无关,因而是抽象的。

由于人的智力和物质力量的增长,大大超过道义力量,他就像一只被夸大了的长颈鹿,它的头突然长到离它的躯体几英里远,使得正常联系难以建立起来。这头长颈鹿的贪吃的头,用它的巨大的牙齿,用力咀嚼着世界上所有树顶上的叶子,但是营养物很慢才能到达胃肠,它的心脏受到贫血的折磨。对于人类本性中当前这种失调,西方似乎茫然无知而怡然自得。它在物质上的巨大成就,把它的全部注意力转移到高度的自我陶醉。它运用乐观的逻辑,以它的通向永恒的无限延长的铁路线为根据,仔细盘算着自己的好运。以为所有的明天都和今天一样，只是重复地增加二十四小时，那是过于肤浅的想法，它不惧怕人类仓库的不断扩大同饥饿的人们的衣食无着的鸿沟日益扩大。逻辑不知道在财富和幸运的无数阶层的最底层，正酝酿着地震，以恢复道义世界的平衡。有朝一日，精神空虚的深渊将把大量对尘土怀有永恒之爱的东西填进它的渊底。

纯粹的人不是强大的人，而是完善的人。因此，要将他变成单纯的力量，你就不得不尽量缩小他的灵魂。当我们是纯粹的人的时候，我们就不能彼此去掐对方的喉咙；我们的社会生活的本能，我们的道义理想的传统都不允许我们这样做。如果你要我去杀人，你必须通过使我的意志衰亡、使我的思想麻木、使我的动作无意识的某种训练来破坏我的人性的完整，然后由于复杂的个人的解体，产生那种抽象观念，那种毁灭性力量，它同人类的真理无关，因而很容易变成残忍的或机械的东西。让人脱离他的自然环境，脱离他的整个社会生活，割断他同美和爱以及社会职责的一切活生生的联系，为了大规模地生产财富，你就能够将他变为一部机器的许多零件。将一棵树变成木头，它可以为你烧火之用，可是再也不能开花结果。

这种非人化的过程一直在商业和政治上进行着。经过机械能的长时间的分娩的阵痛，生出了这个发育完全的装置，它的力量很大，胃口惊人，在西方的洗礼中命名为民族。我在前面提示过，由于它的抽象的本质，它已经轻而易举地远远走在具有完全道义的人的前面。它有着魔鬼的道德心和一架自动机器的无情的完善，年轻的月球上的火山爆发如同它正在造成的灾难相比，都要自叹弗如。结果,人对人的疑惧就像荨麻的茸毛一样,刺激了这个文明的所有肢体。每个国家都将它的间谍网撒向别人的隐秘处,捕捉他们在外交泥潭里酝酿的背信弃义的秘密。民族除了在绑架、谋杀和背信弃义中进行地下交易,以及在腐朽的渊薮里孳生一切可怕的罪恶以外,他们的特务活动还有什么呢?因为每个民族都有它自己的盗窃、欺骗和背信的历史,所以只能滋生国际上的疑惧和妒忌,而国际上的寡廉鲜耻达到了荒唐可笑的程度。民族的义愤的风笛随着时间的不同和外交同盟的变化,经常变换它的调子,好像政治音乐厅的各种演出一样,令人感到悦目赏心。

我刚刚访问过日本,在那里时我曾劝告这个年轻的民族采取崇高的人类理想的立场,永远不要仿效西方将民族主义的有组织的自私自利作为它的信仰,永远不要幸灾乐祸地看待邻人的软弱,永远不要一面肆无忌惮地对待弱者,它在弱者那里可以是光荣的卑鄙而不受惩罚,同时却羡慕有力量打击它的人,掉转它那和蔼的右脸让这种人亲吻。一些报纸赞扬我的话带有诗意,同时又意味深长地说,这是失败的人民的诗篇。我觉得他们是对的。日本在现代学校里学过如何变强的课程。这种学习结束了,它该享受学习的成果了。西方以雷鸣般的炮声的声音在日本门口说,让那里有一个民族——结果有了一个民族。现在它已经出现,你们为什么不从心底里感到一种纯粹的愉快感,并且说它好呢?为什么我看到一家英国报纸挖苦日本吹嘘它的文明的优越性,而这种吹嘘英国和其他民族已经进行了多少年却从来没有红过脸呢?因为自私自利的唯心主义必须不断用自夸其德的药剂来使自己迷醉。但是同样的毛病在它自己的生活中似乎是如此自然而无害,而看到

其他民族中出现这种不愉快的现象时却感到惊讶和恼怒。所以，当你们看到依照你们自己的想象形成的日本民族，开始它的民族自大的生涯时，你们就摇头说它不好。难道这不是为了准备对付另一个拥有更大破坏力的邪恶力量而从海岸这边发出呼吁的一个原因吗？日本抗议说它有它的武士道，永远不能出卖它应当感恩戴德的美国。但是你们发觉很难相信它，因为民族的智慧不在于它对人类的信任，而在于它的完全不信任。你们对自己说，你们不得不对付的不是武士道的日本，有道义理想的日本，而是当今流行的自私自利的无形之物，是民族；而民族只有在它们的利益结合一起，至少说不相冲突的时候才能信任民族。事实上，你们的本能告诉你们，另一国人民进入民族舞台，就增加了另一种同人类最高尚的一切东西相矛盾的祸害，并以它的成功证明寡廉鲜耻是走向繁荣的道路——而仁慈对弱者来说，是有益的；上帝是失败者剩下的唯一安慰。

不错，这是民族的逻辑。它决不会倾听真理和仁慈的声音。它将让钢铁和钢铁结合，机器和机器结合，继续跳它那道德败坏的圈状舞，在舞步中践踏一切人类纯真信仰和生动理想的美丽花朵。

但是我们自己欺骗自己，以为人性在当今比以往任何时候都更处于前列地位。这种自我欺骗的理由，是人类拥有更丰富的生活必需品，人的身体的疾病可以得到更有效的治疗。可是做到这点主要不是靠道义上的牺牲，而是靠知识的力量。在数量上，它是大的，但是它来自表面，又散布在表面上。知识和效率在外部作用上是强有力的，但是它们是人的仆人，而不是人的自身。它们的服务，像旅馆的服务一样殷勤，但是主人并不在场；与其说好客，不如说方便。

所以我们务必不要忘记，科学的组织遍布于四面八方，它在加强我们的力量，而不是加强我们的人性。随着力量的增长，民族自我崇拜的迷信在优势中形成；个人自愿地让“民族”像骑驴那样骑在他的背上；于是产生了势必出现灾难性后果的怪现象，个人奉献一切，去崇拜一个在道义上远远不如他自己的上帝。如果这个上帝同个人一样真实，这种现象是永远不可能发生的。

让我对这一点作一说明。印度某些地方每半月有一个特定日子禁止寡妇吃饭喝水，作为一种庄严的虔诚行为。这往往导致残忍、毫无意义和不人道。然而人们并不是生来就残忍到这种程度。这种完全不真实的抽象的虔诚，使个人的道义感完全泯灭，就像人不会不必要地伤害一个动物一样，当他用“游猎”的抽象概念麻醉自己感情的时候，会使大量无辜的动物遭受可怕的摧残。因为这些概念是我们的智力的产物，因为它们是逻辑上的分类，所以它们能够轻易地使个人在它们当中消失。

民族的概念是人类发明的一种最强烈的麻醉剂。在这种麻醉剂的作用下，整个民族可以实行一整套最恶毒的利己主义计划，而一点也意识不到他们在道义上的堕落——实际上，如果有人指出，他们会感到非常恼怒。

难道这种情况能够无限期地继续下去吗？能够不断地在我们活的本性的广大领域里制造道义上麻木不仁的荒原吗？难道它能够永远逃脱它的报应吗？难道这个机械组织的巨大力量在世界上不受限制，它的可怕的力量和速度不是会更加彻底地将它自己弄得粉碎吗？你们是否认为同邪恶竞争可以永远制止邪恶，而精明的谈判可以将魔鬼圈进互相同意的权宜之计的牢笼?

在民族之间进行的这次欧洲战争,是因果报应的战争。人类为了自己的生命,一定反对设置障碍,哪里有感情,哪里有制度和政策,哪里就应当涌现出生动的人与人的关系。为了整个受欺凌的世界,欧洲自己应当完全明白叫做民族的这种东西荒谬绝伦。这个时候已经到了。

民族长期以来靠肢解人性得到繁荣。人,是上帝的最美好的创造,经过民族的加工厂却大批地变成了进行战争和挣钱的傀儡,它们对自己结构的可怜的完善情况,自视过高,荒唐可笑。人类社会越来越变为政客、士兵、制造商和官僚的一种傀儡戏,由具有高超效率的背后势力操纵演出。

极端的自私自利永远不会使无休止的仇恨和贪欲、恐惧和伪善、猜疑和专制自行结束。这些怪物外形庞大,但从来不会变得协调。民族可能成长到难以想象的肥大,但不是有生命的躯体的那种肥大,而是钢铁、蒸汽和办公大楼的那种肥大,直到它那畸形的躯壳再也不能容纳它那丑恶的内脏——直到它在大炮的吼叫声中开始绽裂,喷出毒气和火光,发出死亡的哀鸣。在这次战争中,民族开始了它临死的剧痛。突然间,它的全部结构都发狂了,开始跳着复仇女神的狂舞,跳得自己粉身碎骨,零落尘埃。这是不真实的悲剧的最后一幕。

只要对人类有一点信心的人,不能不热切希望民族的残暴机器将不会恢复它以前的全副爪牙,恢复它的伸向远方的铁臂和它那只有胃没有心脏的巨大体腔;他们希望人类将会摆脱包围着自己的无形混沌,在个性自由方面获得新生。

面罩已经揭开。在这次可怕的战争中,西方已经同它自己的创造物面对面地站在一起,它曾为这个创造物献出自己的灵魂,它一定会知道这个东西实质上是什么。

它从不觉得它的道义本性正在暗中发生缓慢的衰败和解体,常常使它怀疑一切,而更经常以更加危险的狡猾方式表现出来的是它不知不觉地使世界广大地区蒙受肢解和侮辱的痛苦。现在它一定会了解,事实真相到底如何。

只有这样,才会从她自己的子女当中产生新的一代,他们将挣脱幻觉的缠绕,打破那种建立在自私自利基础上对兄弟情谊的歪曲,他们将承认自己是上帝的儿女,而不是机器的奴隶,这种机器将灵魂变为商品,把生命变为零件,用它的铁爪挖出了世界的心脏,而不知道它究竟干了什么。

我们不属于世界上的任何民族。我们向尘土施礼,我们知道尘土比建造权力盛世的砖块更为神圣。因为尘土富有生命、美和信仰。我们将感谢上苍,因为我们被迫度过绝望的黑夜沉默地在等待,不得不忍受骄傲者的侮辱,挑起能干者的重担。虽然我们的心因怀疑和恐惧而战栗,然而经过这一切,我们怎么也不会盲目相信机器对人类的拯救,但是我们坚信上帝和关于人类灵魂的真理。我们依然满怀希望,当权力对于占据它的宝座感到羞愧,准备让位予爱的时候,当黎明沿着人性的大道为洗净民族的血腥足迹而来到的时候,我们将被召唤带着我们自己的水罐,盛满圣水——信仰之水,将人类历史清洗干净,并且用它的水珠将多少个世纪以来遭践踏的尘土滋润得富饶多产。

日本的民族主义

（一）

灰心丧气是一种最坏的束缚，它使人们绝望地套上丧失自信的枷锁。有人不无理由地一再告诉我们，亚洲生活在过去——它像一座壮观的陵墓，力图以它的全部富丽堂皇使死者永垂不朽。据说，亚洲永远不能在进步的道路上前进，它的面孔不可避免地转向后面。我们接受这种谴责，并且相信它。我知道，我国受过教育的居民中的一大部分人，对于谴责我们的耻辱，逐渐感到厌烦，力图用一切自欺的办法将耻辱变为可以吹嘘的事情。然而吹嘘不过是一种戴上假面具的耻辱，它并不真正相信自己。

当情况依然如此，而我们在亚洲使自己着迷一样地相信没有任何可能两样的时候，日本从迷梦中站起，以巨大的步伐抛开几个世纪的无所作为，以最先进的成就赶上了现在的时代。这就打破了我们多年来像着迷似的麻木不仁状态，我们一直把它看做生活在某些地理区域内的某些种族的常态。我们忘记了在亚洲建立过伟大的王国，有过繁荣的哲学、科学、艺术和文学，并且是世界上所有伟大宗教的摇篮。因此，不能说亚洲的土壤和气候有什么天生的东西会产生智力上的无能，并使推动人们前进的才能变得萎缩。多少世纪以来，当西方在黑暗中沉睡的时候，我们就在东方高高举起文明的火炬，而这从来不是思想懒惰或见识狭隘的标记。

随后黑暗降临到亚洲所有国土。时间的潮流似乎立即停了下来，亚洲不再吃任何新的食物，而以它自己的过去为食物，实际上是以它自己为食物。静止有如死亡，宏大的声音寂静无声，它曾经发出永恒真理的信息，在多少世代里使人类生命免遭玷污，就像大气永远不停息地清除污秽，使地球保持清新那样。

但是当生命失去运动，不再进食，依靠过去的贮藏活下去的时候，它有沉睡和静止时期。这时它变得身体不便，肌肉松弛，并且由于这种麻木状态而容易受到愚弄。在生命的旋律中，休止对于生命的复原是必需的。生命在自身的活动中不断地消耗它自己，燃烧着它所有的燃料。这种浪费不能无限制地继续下去，但是常常跟随着一个消极阶段，这时停止一切支出，放弃一切冒险，以有利于休息和缓慢的复原。

脑力的脾性是节约，它爱好形成习惯，并按照常轨活动，这可以使它在每一个步骤都免去重新思索的麻烦。理想一旦形成，就会使脑力变得懒惰。它害怕在新的努力中使自己所得遭遇风险。它将它的所有物禁锢在习惯的堡垒里，以求充分的安全。但是这实际上是一个人禁锢自己，而不能最充分地享用自己的财富。这是吝啬。活的理想不应当失去同发展着和变化着的生命的接触。它们的真正自由并不存在于安全的疆界之内，而在冒险的大道上，在那充满新鲜经历的冒险大道上。

一天早晨，全世界突然发现日本在一夜之间冲破它那旧习惯的壁垒,以胜利者的姿态出现。这是在这样难以置信的短时间内完成的,好像更换一次衣裳,而不像建造一座新的建筑物。在同一时间内,它既显示了成熟的有信心的力量,又显示了新生活的那种新的和无限的潜力。令人担心的是,这不过是历史的一种奇特现象,是时代的一种儿童游戏,是吹起的一种肥皂泡,圆滑多彩,中心空空而无实体。但是日本令人信服地证明,它的力量的突然显露并非一种短命的奇迹,并非时与潮的偶然产物,从默默无闻的底层被抛上来,接着又被卷入茫茫大海。

事实是,日本同时是旧的又是新的。它从东方继承了古老的文化遗产。这种文化促使人在自己的内心寻求真正财富和力量;使人在失败和危险面前保持镇定,作出自我牺牲而不计较代价或希图从中得益;使人蔑视死亡,承担作为社会存在的人而应当承担的无数社会义务。总之,现代日本产生于古老的东方,像一朵荷花洒脱开放,同时牢牢扎根于它从中生长出来的泥土深处。

日本,这个古代东方之子,也无所畏惧地为它自己要求一切现代的礼物。它已经显示它的勇敢精神,敢于打破习惯的束缚和惰性思想的无用积累,这种惰性思想是在自身的节俭和自身的锁钥中寻求安全。因此,它已经进入生气勃勃的时代,并且以热情和才能承担现代化文明的责任。

这就鼓舞了亚洲其他地方。我们已经看到生命和力量就蕴藏在我们当中,需要去掉的只是僵死的外壳。我们已经看到在死者当中寻求庇护的是死亡本身,生存只有最大限度地去冒生命的一切危险。

至于我自己,我不能相信日本变成现在这个样子是由于模仿西方。我们不能模仿生命,我们不能长期假装有力量。不,更重要的是,单纯的模仿是软弱的根源。因为它损害我们的真正本性,经常阻挠我们前进。它好像将别人的皮肤附在我们的骨架上,每一动作都会使皮肤和骨骼之间发生不停的摩擦。

科学确确实实不是人类的本性,科学仅仅是知识和训练。了解物质世界的规律,并不能改变你的深奥的人性。你能向别人借来知识,但是你不能借来性格。

然而在我们受教育的最初阶段,我们不能分辨本质与非本质,什么可以转让,什么不可以转让。这有点像原始人相信外界事件那样,具有不可思议的性质,而这种事件是伴随某种真实情况的。我们害怕丢掉一些有价值和有效的东西,而把果皮同果仁一起吞下。当我们的贪欲喜欢整个占有的时候,加以消化就是我们的生命本性的职能,而这才是活的有机体的真正占有。凡是有生命的地方,生命肯定会按照构成生命的需要而决定取舍。活的有机体不会让自身变为自己的食物,它将它的食物变成它的自身。只有这样,它才能茁壮成长,而不是单纯的积累,或放弃自己的个性。

日本从西方输入自己的食品,而不是它的充满活力的本性。日本不能把它自己整个融合到它从西方取得的科学装置中去,并且使自己变成一部仅只是借来的机器。它有它自己的灵魂,必须将灵魂置于一切需要之上。它有能力这样做,消化过程正在进行,它所展示的精力充沛的健康状况,充分证明了这一点。我殷切希望,日本不要仅仅以它从外国学来的东西为骄傲,永远不要失去它对它自己的灵魂的信心。因为这种骄傲本身就是耻辱,最终会导致贫穷和软弱。这是花花公子的骄傲,他重视他的新头饰,而不那么重视自己的头。

全世界在等着观看这个伟大的东方民族从现代手中接受机会和责任以后准备做什么。如果是单纯照抄西方,那么它唤起的巨大希望将会落空。因为西方文明向全世界提出了严重的问题,但是并未找到圆满的答案。个人和国家之间、劳资之间,以及男女之间的冲突;物质利益的贪欲和人的精神生活之间、民族的有组织的自私自利和人类的崇高理想之间的冲突;同商业和国家的庞大组织不可分的一切丑恶的错综复杂的事物与人类要求单纯、美观和完全消闲的天性之间的冲突——所有这些,都需要用一种还没有想象得到的方式使之达于和谐。

我们看到,这个文明的巨大潮流分出无数支流,正使自己支离破碎,枯干致死。我们看到,尽管它大肆宣扬对人类的爱,它自身已经证明它是人类的最大威胁,而且远远超过了人类早期历史上曾经遭受的那种突然爆发的游牧人的野蛮行为。我们看到,尽管它吹嘘自己爱好自由,它已经产生了比早期社会流行的奴役制度更坏的奴役制度——它的锁链牢不可破,不是因为这种锁链是无形的,就是因为它们僭用自由的名义和自由的外表。我们看到,在它那利欲熏心的迷惑下,人对于使自己伟大的一切英雄的生活理想,完全丧失信心。

因此,你们不能轻松愉快地接受这种现代文明,以及它的全部脾性、方法和结构,并且认为它们是不可避免的。你们应当运用你们的东方思想,你们的精神力量,你们对纯真的爱,你们对社会义务的认识,为这部笨重的进步车辆开辟一条新的道路,在它开动时,发出巨大的噪声。它每次运动都要求人的生命和自由作出巨大的牺牲,你们一定要把这种牺牲减少到最低限度。多少世代以来,你们以你们自己特有的方式感觉、思考和工作,享受和崇拜;而这却不能像旧衣服一样把它扔掉。它存在于你们的血液中,在你们的骨髓中,在你们的肌肉组织中,在你们的脑组织中;它必然会影响你们着手进行的每一件事情,而你们并不知道,甚至违反你们的意愿。一旦你们解决了人类的问题,达到使你们自己满意的程度,你们就有了你们的生命哲学,并发展了你们自己的生活艺术。你们一定要把这一切应用于当前情况,新的创造而不是单纯的复制,将会从中出现;你们人民的灵魂将拥有这种创造。并且把它作为它对人类福利的献礼,自豪地贡献给全世界。在亚洲所有国家中,只有你们日本这里拥有这样的自由;根据你们的天才和需要,利用你们从西方采集的物资。因此,你们的责任比谁都大,亚洲将用你们的声音回答欧洲向人类提出的问题。在你们国家实验将进行下去,东方将用这些实验改变现代文明的面貌,在有机器的地方注入生命,用人心代替冷漠的功利,不那么重视权力和成功,而重视和谐和富有生气的发展,重视真和美。

我不能不让你们想起那些日子,当时整个东亚从缅甸到日本都用友谊的纽带同印度紧密地联系在一起。这是国家之间唯一的自然纽带。我们之间存在着生动的感情交往,发展了一种神经系统,通过它我们可以交流关于人类最强烈的需要的信息。我们不用互相害怕,我们不必为了互相牵制而武装我们自己;我们的关系不是自私自利、互相探究和互相抢腰包的关系;交流思想和理想,提供并接受最崇高的爱的礼物;没有因为语言和风俗的不同而妨碍我们相互之间心心相印;没有种族骄傲或有形无形的骄傲的优越感损害我们的关系;我们的艺术和文学在这种团结之心的阳光照耀下生叶开花;属于不同国家、不同语言和历史的种族,承认最崇高的人类团结和最亲密的爱的联系。我们能否记得,在那些和平和亲善的日子里,在人们为了生命的崇高目的而团结的日子里,你们的本性为自身贮藏了不朽的芳香,它帮助你们的人民在新的时代获得再生,能够使陈腐的结构得救,并且化为新的年轻的躯体,经过世界上已经见过的最惊人的革命的冲击而不受伤害么?

从欧洲的土壤中产生、正流行于全世界的政治文明,像某种繁殖力很强的野草一样,其基础是排他的。它一直在伺机将异己置于绝境或者把它们消灭。它有着食肉野兽和吃人生番的嗜好,它依靠别国人民的资源养活自己,并且力图吞噬他们的整个未来。它常常惧怕其他种族获得卓越地位,把这种情况叫做危险,竭力阻挠一切伟大事物在它自己疆界以外出现,将软弱的人们的种族压下去,使他们永远软弱。在这种政治文明取得权力,张开它那饥饿的嘴巴吞下地球上的大陆以前,我们经受过战争、掠夺、君主专制的更迭,以及随之而来的苦难,但是从未遇到这种可怕而绝望的、贪婪情景——民族如此吞噬整个民族,将地球的大部分压成齑粉的如此庞大机器;我们也从未遇到这样可怕的妒忌,它们互相张牙舞爪准备撕裂对方的心脏。这种政治文明是科学的文明,而不是人类的文明。它所以强大有力是因为它将全部力量集中于一个目的,像一个百万富翁以自己的灵魂为代价去挣得金钱一样。它背信弃义,无耻地编造谎言的罗网,它在自己的庙堂里供奉着巨大的贪婪偶像,以它的奢侈的礼拜仪式为骄傲,并把这称为爱国主义。可以有把握地预言,这种情况不可能长久继续下去,因为这个世界

存在着道义的法则，它既适用于人，也适用于人们有组织的团体。你们不能继续以你们民族的名义违背这些法则，却以个人的身份享受这些法则带来的好处。这种公然损伤道义理想的情况，缓慢地反作用于社会的每一个成员，无形中逐渐滋长着衰弱，结果引起对人类本性中一切神圣东西的怀疑，而这种怀疑正是衰老的确实征兆。你们一定要记住，这种政治文明，这种民族爱国主义信条，并没有经过长期的考验。古希腊的明灯在首先点燃它的地方熄灭了，罗马的权势衰亡，被埋葬在它那庞大帝国的废墟中。但是以社会和人类精神理想为基础的文明，在中国和印度仍然是起作用的东西。虽然按照现代的机械功率的标准来衡量，看起来它也许很微弱，但是像小小的种子那样却包含着生命，当季节来到，上天对它恩赐阵雨时，它将发芽生长，长出慈善的枝丫，开花结果。但是权力的摩天大楼倒塌了，贪婪的机器破碎了，要使它们重新建立，即使上帝的甘霖也是无能为力的；因为它们不是生命，而且作为整体是反对生命的——它们是因反对永恒而粉身碎骨的叛逆的残骸。

但是有人指责我们说，我们在东方所抱的理想是静止的，它们本身没有推动运动并为知识和力量开辟新前景的推动力，这种哲学体系是过时的东方文明的重要支柱，它蔑视一切外在的证据，依然固执地满足于它主观上肯定的东西。这就证明，当我们的认识模糊不清时，我们就容易指责我们的认识对象本身是模糊不清的。对一个西方观察家来说，我们的文明似乎全是形而上学，就像对一个聋子来说，弹钢琴看来只是单纯的手指运动而不是音乐。他不能想象，我们已经找到某种深厚的实在基础，在这个基础上建立我们的各种制度。

不幸，真实性的一切证据都存在于实现过程中。你前面的景物的真实性，只是取决于你能看见的事实；我们很难向一个不相信的人证明：我们的文明不是一种空想的混沌体系；它已经得到了某种属于实在真理的东西——这种真理能够给人内心以庇护和营养。它培育了一种内在的知觉——一种视觉，一种在一切有限事物中看到无限真实的视觉。

但是他说："你们没有任何进步，你们那里没有运动。"我问他："你怎么知道？你只能按照前进的目的来衡量进步。一列火车朝着终点站前进——这是运动。但是一棵长成的树肯定没有那种运动，它的前进是生命内在的前进。它活着，吸收阳光，叶儿微微抖动，汁液微微流动。"

我们已经生活若干世纪，我们仍然生活着，我们有求真实的抱负。这种真实在实现过程中没有终结，它超越死亡，赋予它意义；这真实超脱生命的一切丑恶，给生命带来安宁、纯洁和愉快的自我克制。这种内在生命的产品是一种活的产品。当青年人满身尘土，疲倦地回到家里的时候，当士兵受伤的时候，当财富挥霍殆尽、自尊心受到侮辱的时候，当人的心灵面向浩繁事实呼唤真理、在各种势力的矛盾中寻求和谐的时候，都需要这种内在生命的产品。它的价值不在于它在物质上的增殖，而在于它在精神上的成就。

有些事情是不能等待的。假如你必须战斗或者在市场上取得最有利的地位，你就不能不冲锋、奔跑和大踏步行进。当你捕捉总是在飞逝的机会时，你会全神贯注地在警惕着，但是理想并不同我们的生命捉迷藏；它们从种子长到开花，从开花长到结果缓慢地发展着;它们需要无限的空间和天空的日光才能成熟,它们结出的果实能够经历受侮辱受轻视的岁月而留存下来。东方抱有它的理想,它的内心贮藏着多年的阳光和群星的沉静,能够耐心地等待,一直等到追逐功利的西方气喘吁吁地停下脚步。欧洲在匆忙驱车赶赴约会的时候,从车窗里轻蔑地扫视在田间收割的人,在它如醉如狂的奔驰中,它不能不认为这个收割者行动缓慢而且不断在倒退着。但是奔驰到了目的,约会失去意义,而且饥肠辘辘,它终于去到在阳光下进行收割的卑贱的收割者那里。如果公务不能等待,或者买和卖不能等待,对刺激的渴望不能等待,那么爱和美能够等待,受苦的智慧、纯真信仰的不渝忠诚和谦恭温顺的成果能够等待。因此东方将等待,一直等到时机到来。

我必须毫不犹豫地承认欧洲的伟大之处,因为它的伟大是毫无疑问的。我们情不自禁地衷心爱它,对它表示最崇高的敬意。这个欧洲,在它的文学艺术中像瀑布似的源源不断地倾泻着美和真理,滋养着一切国家和一切时代;这个欧洲,有一种力量无穷的巨人意志,正在跨越宇宙的高山和深谷,从宏观世界和微观世界取得它对知识的尊重,运用它全部的伟大智力和心灵恢复病者的健康,解救人类的苦难,那些苦难直到现在我们都是无可奈何地在忍受着;这个欧洲,正在使大地出产比它似乎可能出产的更多的果实,诱导或强迫大自然的伟大力量为人类服务。这种真正的伟大必然在精神力量方面拥有它的动力。因为只有人类精神能够蔑视一切限制,相信它的最后成功,将它的探照灯照向黑暗的远方,为了活着的时候不能实现的目的而欣然就义,接受失败而不承认战败。在欧洲的心中,洋溢着最纯洁的人类之爱、正义之爱和为崇高理想作出自我牺牲的精神。多少世纪的基督教文化,渗进了它的生命的内核。在欧洲,我们看到高贵的人,他们维护人权而不分肤色和信仰;他们在为人类事业奋斗的过程中勇敢地面对来自本民族的诽谤和侮辱,并且大声疾呼,反对疯狂的穷兵黩武,反对无情报复的狂热或者有时将整个民族攫为己有的掠夺;他们随时准备补救自己民族过去所犯的错误,自豪地设法阻挡卑劣不义的潮流,这种浪潮横流无阻,因为受害者的抵抗软弱无力。现代欧洲担负着这种豪迈的使命,他们对自由的无私之爱,对不承认地理界线或民族私利的理想,都没有丧失信心。这些就证明持久的生命源泉在欧洲并没有流尽,此后,它会不断地获得新生。在欧洲,它自觉地忙于建立它的权势,蔑视并嘲弄它的本性,它正在把自己的罪恶堆积得高入云霄,恳求上帝进行报复,并且通过它的无情的商业,毫不在乎地玷污人类对美和善的良知,在大地上传播物质的和精神的丑恶病毒。欧洲在慈善方面是至高无上的,在这方面它面向全人类;但是欧洲在邪恶方面也是至高无上的,在这方面它只面对自己的利益,用它全部的巨大力量,以反对人类中无限的东西和永恒的东西。

东亚在走它自己的道路,在发展它自己的文明,这不是政治文明而是社会文明,不是掠夺的和机械效率的文明,而是精神文明和以人类各种深厚关系为基础的文明。解决人生问题的办法,是在与世隔绝的情况下想出来的,并且在不受改朝换代和外国入侵影响的地方付诸实施。但是现在我们遭到外部世界的突然侵袭;我们与世隔绝的情况已一去不复返。不过我们不应当感到遗憾,就像植物的播种期的隐伏状态被打破时从不感到遗憾一样。现在是时候了,我们应当将世界问题当做我们自己的问题;我们应当将我们的文明精神同地球上所有民族的历史融合在一起;我们不应当依然浑然自得地将我们自己紧紧关闭在保护和孕育过我们理想的种子之壳和地壳里;因为只有突破这些外壳,生命才能以它的全部活力和美萌芽生长,在温和的阳光下将它的礼物献给世界。

在这个突破障碍面向世界的任务中,在东方日本已经走在最前面。它已经给全亚洲之心灌注了希望。这种希望提供了一切创作所需要的火种。亚洲现在感觉到它应当产生生动的作品,以证明它的生命;它不应当消极地躺着休眠,或者带着恐惧或献媚的心理软弱无力地模仿西方。因此,我们感谢这个日出之国,并且郑重地要求它记住它有需要完成的东方使命。它应当将更充实的人性的汁液注入现代文明的心脏。它应当永不允许现代文明在阴暗的乱树丛中受到窒息,而要引导它走向光明和自由,走向纯净的气氛和广阔的空间,在那里它可以在黎明和黑夜接受上天的启示。让它的理想的伟大变得人人可见,好像戴着雪冠的富士山在国家的中心峥嵘屹立,耸入无限高空,它那美妙的曲线,美如少女,然而坚定、健壮、娴静迷人。

（二）

我到过许多国家,见过各阶级的人,但是在我的旅行中从来没有像在这个国家里这样明显地感到人道的存在。在其他大国,人的权力的标志显得很突出,我看到了在各个方面都表现出效率的庞大组织。在那里,服装、家具和奢侈娱乐的豪华令人瞠目结舌。

它们似乎要让你感觉寒碜,像一个闯进宴会的贫穷的不速之客一样;它们容易使你眼馋,或者使你吃惊。在那里,你不感到人是崇高的;你不得不面对一大堆同你格格不入的庞杂事物。但是在日本压倒一切的不是权力和财富的显示。你会看见到处都是爱和赞美的象征,很少看到野心和贪婪的迹象。你会看到这样的人民,他们的感情大量显露在日常生活的最普通的用具中,在它的各种社会制度中,在它仔细完善的生活方式中,在它十分练达而又大方的待人接物当中。

在这个国家,我印象最深刻的是,我确信你们已经用同情心而不是用分析的认识方法了解自然的奥秘。你们已经懂得自然的种种姿态所表达出来的语言,缤纷色彩所流露出来的音乐,它的不规则中存在着对称的美,它的自由运动中存在着韵律;你们已经看到它怎样引导无数的事物而又避免一切摩擦;它的创造中的冲突怎样化为舞蹈和音乐;它的充沛的精力怎样包含着为所欲为,而不是单纯的散乱铺张。你们已经发现自然在美的种种形式中贮备它的力量;正是这种美,像母亲一样,在它的怀抱中哺育着所有的巨大力量,使它们生气勃勃而又恬静自若。你们已经知道自然的精力以完美的节奏使自己免于衰竭,以它的曲线的柔和驱散世人肉体的疲劳。我感到:你们已经能够将这些秘密融化到你们的生命中;蕴藏于万物之美的真理,已经深入你们的灵魂。对事物的简单了解在一个短暂的充分时间内可以做到,但是要通过多少世纪的培育和自我克制才能获得它们的精神。从外部驾驭自然是一种比起使自然和你们自己浑然成为一体要简单得多的事情,后者是真正天才人物的工作。你们的种族已经显示这种天才,不是通过获取,

而是通过创造；不是通过事物的展示，而是通过它自己的内部存在的表露。一切民族当中都有这种创造力，它总是积极地控制人的本性，并且按照它的理想赋予它们以形式。但是在日本这里，它似乎取得了成功，并且已经深入所有人的心灵，渗入他们的肌肉和神经。你们的本性是忠实的，你们的感觉敏锐，你们的双手掌握了自然的技巧。欧洲的天才已经给它的人民以组织的力量，这种力量特别表现在政治、商业和协调的科学知识中。日本的天才已经给你们以自然之美的眼光以及在你们的生命中实现自然之美的力量。

一切具体的文明都是具体的人类经验的体现。欧洲似乎强烈地感觉到宇宙间事物的冲突，认为这种冲突只能用征服加以控制。因此，它总是准备战斗，它的最大的注意力放在组织力量上。但是，日本在它那个世界里感觉到某种存在，这种存在在它的灵魂中引起崇敬的感情。它并不吹嘘对自然的驾驭，但是它无比郑重而欢欣地给自然带来爱的礼物。它和世界的关系是更深切的感情的关系。它同自己的国家的丘陵、海洋和溪流，同繁花似锦、枝叶千姿百态的树林，建立了这种爱的精神联系；它把森林的沙沙细语和叹息以及波浪的呜咽都装入自己的心里；它仔细研究着太阳和月亮的阴晴圆缺的全部变化，高兴地停下工作迎接自己的果园、菜园和谷物的旺季。这样向世界的灵魂敞开胸怀，不只限于你们的一部分特权阶级，它不是外来文化强制下的产物，是属于你们的不同境遇的全体男男女女。你们的灵魂同世界之心所包涵的个性相会合的这种经历，已经体现在你们的文明之中。这是一种人类关系的文明。你们对自己国家的义务，自然具有子女义务的性质；你们

的民族成了一个家庭，你们的皇帝就是家长。你们的民族团结不是从为防御和进攻而结成的战友关系中发展起来的，也不是从袭击性冒险中彼此分担风险和瓜分赃物的强盗伙伴关系中发展起来的。它不是为了某种别有用心的目的而必须组织起来的结果，而是家庭和良心的义务在宽广的空间和时间内的扩大。爱的理想深深扎根于你们的文化之中，——爱人并且爱自然。这种爱真实地表现在美的语言中，而这种语言在这个国家里是如此大量地普遍应用。这就是为什么一个像我这样的异乡人，在这些美的表现和爱的创造面前不感到妒忌或羞愧，而欣然愿意分享人类心灵表露出来的这种欢乐和光荣的原因。

然而这使我更加担心正在发生的变化，它像某种威胁某人自身的事物那样，威胁着日本文明。因为现代的五花八门，全靠实用这条纽带维系在一起，任何地方不像日本这样面对无言的美的庄严和潜在力量而暴露得如此可怜。

但是危险在于，有组织的丑恶势力以它的大量力量、它的过分固执和它直接反对更深厚的情操的拙劣模仿力，猛烈冲击着理智，并且取得优势。它咄咄逼人，使我们无法逃脱，它在征服我们的理智——我们将祭品带到它的祭坛，像野蛮人对待物神的偶像一样，这种偶像因为吓人而显得有力量。因此，这种丑恶势力同朴实、谦恭而又拥有生命的美妙事物的敌对，将是非常可怕的。

我确信在你们的国家有人并不同情你们的传统理想，他们的目的是获取东西而不是发展。他们大肆吹嘘他们已经使日本现代化了。就种族精神应当与时代精神相协调而论，我同他们是一致的。可是，同时我必须警告他们，现代化只是现代主义的装模作样，正像诗歌装模作样就是诗化一样。它仅只是一种模仿，只是比原有形象更难看的装模作样，而且过于刻板。人们应当记住，真正具有现代精神的人并不需要现代化，正如真正勇敢的人不是吹牛家一样。现代主义并未穿上欧洲人的服装，也不在欧洲儿童上课时被拘禁在里面的那种令人讨厌的建筑物里，也不在欧洲人一生都被关在里边的墙面平直并列着一排排窗子的正方形房子里，现代主义肯定也没有戴着欧洲女士们的帽子，上面有过多不相称的装饰。这些都不是现代的，只能是欧洲人的。真正的现代主义是精神的自由，而不是趣味的奴隶。它是思想和行为的独立自主，而不是处于欧洲教师的管教之下。它是科学，而不是科学在生活中的错误应用。不是对我们的科学教师的单纯模仿，他们把科学贬低为一种迷信，荒谬地祈求它帮助达到一切不可能达到的目的。

单纯以科学为基础的生活，对某些人具有吸引力，因为它具有游乐的全部特征；它假装认真，但是并不深刻。当你出去打猎时，怜悯心越少越好；因为你的全部目的是追赶猎物并且杀死它，认为你是更为强大的动物，你有完善的和科学的毁灭方法。科学的生活就是那种肤浅的生活。它利用技巧和完善的方法追求成功，而不顾人的更为崇高的本性。但是那些头脑十分简单的人，按照这种设想来计划他们的生活：人不过是猎人，人的乐园也就是猎手的乐园，人将会在自己的猎获物的骷髅中猛醒过来。

我一点也不认为，日本应当忽视取得自我保护的现代武器。但是这决不允许超出它的自我保存的本能。它必须懂得，真正的力量并不在于武器本身，而在于掌握那些武器的人；当他热衷于力量，并且以自己的灵魂为代价成倍地增加他的武器时，那么，正是他自己甚至比他的敌人处于更危险的境地。

活的东西容易受到伤害，所以需要保护。在自然界，生命在它的掩蔽物里面保护它自己，这种掩蔽物是由生命自己的物质构成的。因此，它们与生命的成长是协调的，否则，时间一到，它们会很容易地垮掉并且被遗忘。活着的人在他的精神理想中得到真正的保护，这种理想同他的生命有着必不可少的联系，并且随着他的成长而成长。不幸的是，他的防护物并不都是有生命的——其中有的是钢铁制成的，无活动力的和机械的。所以，人在利用它的时候不得不小心翼翼地保护自己免遭其害。如果他衰弱得越长越小使自己适应掩蔽物，那么，这就成为一种灵魂萎缩的慢性自杀过程。日本必须坚信生存的道义法则能够向它证明：西方民族正走上那种自杀的道路，他们为了让自己掌权，使别人屈服，正在组织的沉重压力下扼杀自己的人性。

对日本来说，危险不在于模仿西方的外表，而在于以西方民族主义的动力作为它自己的动力。已有迹象显示，它的社会理想正败于政治手下。我能看到它的取自科学的格言——“适者生存”，几个大字写在它的现代历史的大门上。这句格言的意思是，“自己请便，决不要注意别人付出什么代价”。这是瞎子的格言，他们只相信自己能够摸到的东西，因为他们看不见。但是明眼人知道，人们的联系如此密切，所以打击人者必遭还击。道义法则——人类的最大发现，就是下述这个奇妙真理的发现：人越是能够将心比心，他就越是真正的人。这个真理不仅是有主观价值，而且表现在我们生活的每个方面。凡是不遗余力地把培养道义上的盲目性作为爱国主义崇拜的民族，都会遭到暴死而结束自身的存在。在过去的时代，我们遭受过外族入侵，但是它们从未深深触及人民的灵魂。它们只是个人野心的结果。人民自己对那些冒险的卑鄙可恨没有责任，相反他们从中得到英勇和人道精神的大好锻炼机会，这培育了他们的不渝忠诚、他们对道义责任的赤诚献身精神，他们对死亡和危险完全屈从和大胆承受的力量。所以，人民心目中的理想不会因为国王或将军所采取的政策而发生任何重大变化。但是现在，哪里流行西方民族主义精神，哪里的人民从幼年起就被用各种办法培养仇恨和野心——用半真半假的历史和虚伪的历史，不断歪曲其他种族并培养对他们的反感，常常给为了人道而应予以迅速忘却的不正义事件树碑立传，不断煽动对邻人和其他民族的罪恶威胁。这样，就是给人性的泉源施放毒药。这就损害了我们最伟大最善良的人的生命所孕育的理想的信誉。这就是将巨大的自私自利奉为世界所有民族的普遍信仰。我们能够从科学中得到任何其他东西，但是决不能从中取得这种造成道义死亡的灵丹妙药。决不要以为你们对其他种族的伤害不会影响你们自己，或者你们在本国周围种下的不和会成为永远保护你们自己的围墙。向全体人民的头脑里灌输自我优越的反常的虚荣感，教他们以自己在道义上的麻木不仁和不义之财引为骄傲，炫耀在战争中缴获的战利品，使战败的民族永远感到屈辱。并且在学校里利用这些东西在儿童的心灵中培养对别人的蔑视，这都是模仿带着脓疮的西方，这种化脓性的肿胀是一种致命的病态肿胀。

我们赖以为生的粮食作物，是经过多少世纪的选择和培育的结果。但是不为我们的生命所必需的植物，则不需要长时期的耐心关注。清除杂草并非易事，可是由于疏忽使你们的粮食作物遭到毁坏,或者使它们回复到野生的原始状态,那是很容易的。文化也是这样,它如此自然地使自己适应于你们的土壤,与生命如此息息相关,如此富有人道精神,所以它不仅在过去的时代需要耕耘和除草,现在仍然需要苦心操劳和照顾。单纯现代的东西——比如科学和组织方法——可以移植;但是本质上属于人道的东西拥有如此脆嫩的纤维,如此多而长的细根,如果从土壤中把它移出,它就会死亡。所以,我害怕西方政治理想对你们自己的政治理想的粗暴压力。在政治文明中,国家是一种抽象的东西,而且是人们之间的一种功利关系。因为它没有在感情上扎根,所以它很容易操纵。掌握这个机器,你们只用了半个世纪的时间,而你们当中有人对它的喜爱超过他们对生活理想的爱,这些理想随着你们民族的产生而产生,并且经过你们多少世纪的哺育。这就像一个儿童那样,当他玩得高兴的时候,竟然觉得他对自己玩具的爱超过他对母亲的爱。

人对自己的最伟大之处是自己意识不到的。你们的文明的动力来自人类相互依存的关系,在健康生命的深处滋长繁荣,这是自我分析的方法无法探索的。但是单纯的政治关系是完全自觉的;它是一种进攻的喷射着的火焰。它迫使你注意。你们应当完全清醒地看到你们的生活真相的时候已经来到,这样,你们也许不会不知不觉地被征服。过去就是上帝赐给你们的礼物;至于现在,你们必须作出自己的选择。

因此,你们不能不向自己提出这样的问题:“我们是否对世界作了错误的理解,并且在忽视人类本性的基础上建立了我们同世界的关系?西方在对人类普遍不信任的障碍背后建设自己的民族福利,它这种本能是否正当?”

每当西方议论一个东方种族可能兴起的时候,你们一定会听到强烈的恐惧声音,因为西方赖以兴旺的力量是一种邪恶的力量;只要它自己保有这种力量,它就能够得到安全,而世界其他地方则吓得发抖。欧洲现代文明的主要野心,是独占这种恶魔。它的全部武装力量和外交都是针对这个目的。但是这些祈祷恶魔的奢侈仪式,通过繁荣的道路引向灾难的边缘。西方放手让恐惧的风暴在上帝的世界上肆虐,它却回过头来威胁西方自己,并且驱使西方制造越来越多的恐惧。这使西方不得安宁,使西方除了给别人造成灾难和自己招致灾难以外,忘掉了一切。它把别的国家当做牺牲,供奉这个政治恶魔。它就食用死人肉以自肥,只要人的尸体还新鲜,——但是尸体终究是要腐烂的,死者会要报仇,广泛散发臭气,毒害取食者的生命。日本拥有它的深厚的人性,它的英雄主义和美的和谐一致,它的深刻的自我克制和丰富的自我表现;然而西方民族并不尊敬它,除非它证明撒旦的嗜血犬不仅能在欧洲的狗窝繁育,也可以引进日本,用人类的苦难来喂养。只有当他们知道日本也有钥匙可以随意打开地狱之火的闸门让它烧向美好的人间,并且在世界走向毁灭时能够按照他们自己的标准,跳起恶魔抢劫、谋杀和奸淫无辜妇女的舞蹈,只有在这时,他们才承认日本和他们自己是平等的。我们知道,在早期人类辨别是非的能力不成熟的阶段,人对神只感到敬畏,因为人惧怕神的恶意。但是这是我们可以引为骄傲的人类理想吗?经过多少个世纪的教化以后,民族之间像夜间徘徊的野兽一样互相害怕对方;关闭他们好客的大门;只是为了侵略或防御的目的才联合起来;在他们的密室中藏着

他们的交易秘密、国家秘密和武装秘密；用并不属于他们自己的肉类作为和平礼物，投向相对狂吠着的恶犬；把挣扎着站立起来的被征服的种族镇压下去；用他们的右手将宗教奉送给弱小国家的人民，同时用左手去掠夺他们——难道这有什么值得我们羡慕的地方么？这种民族主义的幽灵在全世界撒播恐惧、贪婪和怀疑的种子，散布它在外交方面的无耻谎言，散布它信奉和平、善意和四海之内皆兄弟的甜蜜谎言，难道我们要对这个幽灵拜倒在地吗？当我们跑到西方市场用我们自己的传统交换这种外国产品的时候，我们头脑里能够没有怀疑吗？我知道要有自知之明是多么困难；喝得酩酊大醉的人大叫大嚷否认自己喝醉了酒；然而西方也在对自己的问题感到忧虑，并且进行着种种试验。但是它像一个贪食的人，无意放弃暴饮暴食，而且喜欢寄希望于用药物治好他的不消化的噩梦。欧洲不打算放弃它在政治上的残酷无情的行为，以及伴随这种行为的人的一切卑鄙感情；它只相信制度的修修补补，而不相信心的变化。

我们愿意用我们的智能而不是用我们的心去购买他们的机器制造的制度。我们将对它们进行试验，并为它们建造库房，但是不把它们当做神灵供养在自己的家里或寺院里。有的种族崇拜他们所屠杀的动物；我们饥饿的时候，可以向他们买肉类，但是不能买那种伴随屠杀的崇拜。我们不应当用买卖就是买卖，战争就是战争，政治就是政治这种迷信来毒害我们的儿童的心灵。我们必须知道人类的买卖不只是单纯的买卖，人类的战争和政治也是如此。你们在日本拥有自己的工业；你们可以从它的产品中——从产品的美观和坚实性，从不易觉察的细微之处，看到日本的工业是如何一丝不苟和真实可靠。但是在世界的那一部分,买卖就是买卖,而诚实不过是当做最好的策略,那里弄虚作假的丑恶行为像大海的波涛一样漫卷你们国家。当你们看到撒谎和夸张的商业广告不仅贴满整个城镇,而且侵入农民正在进行诚实劳动的绿色田野和首先迎接黎明的纯洁曙光的山顶的时候,你们一点也不感到羞耻吗?在弄虚作假以贸易、政治和爱国主义的名义在海外盛行的时候,我们的荣誉感和头脑的敏感常常因为被腐蚀而变得迟钝起来,以至于反对它们不停地侵入我们的生活的任何抗议,都被认为是真正的男子汉所不应有的多愁善感。

事情就是这样:那些英雄们至死也要信守他们的诺言,他们不屑为了世俗的利益而骗人,他们宁肯失败也不愿丧失荣誉,可是他们的后裔却热衷于弄虚作假,而且并不因为从这种行为中得到好处而感到羞愧。这就是"时髦"一词的魅力所造成的结果。但是如果纯粹的功利就是时髦的话,那么美就属于一切时代;如果卑鄙的自私自利就是时髦的话,那么人类理想就不是什么新的发明。我们必须确实懂得不管效率是如何时髦,它决不会长久,因为它的手段和机器使人类变成残废。

但是当我们力图在思想上摆脱欧洲的傲慢自大的主张,并且跳出被它迷惑的危险境地的时候,我们可能走向另一极端,盲目地怀疑西方的一切。幻灭的反应与幻想的最初冲动是同样的虚妄。我们必须竭力使我们的头脑处于正常状态。这样,能够看清危险并且避开它,而无须对危险的来源持不公正的态度。我们常常情不自禁地想以欧洲人之道还治其人之身,以眼还眼,以牙还牙。但是那就是以欧洲的最坏的一种特征来效法欧洲,就像欧洲对待它所形容的黄种人、红种人、棕种人或黑种人的态度那样。这就是我们东方人将不得不承认我们有罪的地方，并且承认，罪过如果不是更大，至少也是一样大，因为我们侮辱了人类，用极端鄙视和残忍的态度对待属于其他信仰、肤色或种姓的人。这确实因为我们害怕自己存在着让权力的见解征服的弱点，所以我们就试图用另一种使自己无视西方光荣的弱点来代替它。我们只有真正了解伟大和善良的欧洲时，才能有效地使自己免遭卑鄙和贪婪的欧洲的威胁。一个遭受人间苦难的人，是容易作出不公平的判断的。悲观是在思想苦恼的时候形成揣度的结果。在人类遭到最严重的失败，希望从人类毁灭的深渊中产生新的生命的时候，假如我们对为人类带来力量的真理丧失信心，才可能对人类感到绝望。我们必须承认，西方有着活生生的灵魂，它正不声不响地进行着反对那些折磨着男女和儿童的庞大组织的斗争，那些组织的性能必然是不顾精神和人道的法则——这种灵魂不让那些对待它本来缺乏自然同情的种族漠不关心的危险习惯将它的感情弄得完全麻木不仁。如果西方的力量只是兽性或机器的力量，它决不能上升到它已经达到的显赫地位。它心目中的神圣者因为它亲手给世界造成的创伤而感到痛苦，从它更崇高的本性的这种痛苦中涌出治愈那些创伤的神秘药汁。它反复同自己进行了斗争，并且打开了它亲手给可怜的肢体扣上的镣铐；虽然它曾经为了得到金钱，用利剑逼着一个伟大民族喝下毒药，它清醒以后再次洗手不干了。这表明，在看来没有生气的荒凉的地方却蕴藏着人性的源泉，证明它的更真实的本性不是贪婪，而是对无私的理想的崇敬，并且能够在这样一种悲惨的懦弱生涯中存在下来。如果说欧洲只靠显示它的力量就吸引了现代东方的思想,那么对我们和对欧洲来说,都是完全不公正的。它的道义本性透过大炮的硝烟和市场的灰尘放射着光辉,它给我们带来了伦理自由的理想,这种理想比风俗习惯具有更深厚的基础,它在全世界范围内起作用。

东方即使带着厌恶情绪也本能地感觉它可以向欧洲学习许多东西,不仅学习力量的原料,而且学习它的属于精神和人类道义本性的内在来源。欧洲教导我们对公益事业的义务高于对家庭和宗族的义务,法律的神圣不可侵犯使社会不受个人任意行动的影响,保障社会的持续进步,保证所有在生活中处于各种地位的人得到公正待遇。最重要的是,欧洲经过多少世纪的牺牲和成就,在我们的思想上高举自由的旗帜,——良心自由,思想和行动自由,文学艺术上的理想自由。欧洲已经赢得我们极度的尊敬,因此,它的极度虚弱和虚伪对我们来说是这样危险,就像混在我们最好的食物当中的毒药。有一种我们可以指望的安全办法,那就是我们在抵制欧洲的诱惑和它的暴力侵害时,要求欧洲自己作为我们的盟友;因为它一直拥有它自己的关于完善的标准,我们可以用它来衡量它的堕落,测量它的衰败程度。我们可以用这种标准把它召到自己的法庭上,使它感到羞耻——这种羞耻是高贵的真正自尊的标志。

但是我们害怕的是,毒药可能比食物更有力量,今天它拥有的力量可能不是健康的标志,而是相反;因为它可能是由于打破生命的平衡而造成的暂时现象。我们害怕的是,那种邪恶达到巨大规模的时候,拥有致命的魅力——虽然由于它的严重不平衡最后肯定要失去重心,但是它在死亡以前造成的祸害可能是无法弥补的。

因此，我请求你们坚决相信并清楚了解，现代进步的庞然大物，是由效率的螺钉铆合而成，靠野心的轮子来行驶，它肯定不能长久维持下去。冲撞一定要发生，因为它不能不沿着指定的路线行进，它过于笨重不能自由选择自己的道路；一旦脱离轨道，它的无尽头的列车就会翻倒。总有一天它将变成一堆破烂，并给世界交通造成严重障碍。难道我们现在还没有看到这种迹象吗？通过战争的喧嚣、仇恨的尖叫、绝望的哀鸣，通过这个民族主义渊底多年沉积的难以言表的污秽的翻腾，不是有一种声音向我们的灵魂呼喊吗？它说：借用爱国主义的名义，打着逆天行道旗帜的民族利己的宝塔必将动摇倒塌，被塔身的重量压垮，它的旗帜落地，灯光熄灭。我的兄弟，当大火的红光给星星送去它那噼啪作响的笑声时，请相信那些星星，而不要相信毁灭之火。因为当大火燃尽而熄灭，留下灰烬作为纪念的时候，永恒之光将再度照耀人类历史的朝阳升起的地方——东方。亚洲最东边的地平线上不是已经破晓，升起了太阳吗？而我像先哲们做过的那样，向东方的日出表示敬意，它势必重新照亮全世界。

我知道我的声音太微弱，不能高出现今这个纷乱时代的喧嚣，任何一个街头顽童都很容易给我取个“空想家”的绰号。它将粘在我的上衣后摆上，永远不把它洗掉，这样可以使所有值得尊敬的人们根本不去考虑我的意见。我知道在荣誉失去尊严和先知者成为一种时代错误时，在淹没一切声音的声音就是市场的喧哗时，一个人在一群身强力壮的竞技者当中被称为理想主义者是多么危险。然而，有一天我站在横滨市郊的时候，我撇开它那五花八门的现代市容，注视着你们南面海上的落日，感受松林覆盖的群山中的静谧和庄严。同时雄伟的富士山在金色的地平线上逐渐显得暗淡，就像被自己的光辉衬托得暗淡的上帝一样——通过傍晚的寂静，涌出永恒的音乐，我感到天空和大地与黎明和黄昏的抒情作品是属于诗人和理想家的，而不是属于那些粗暴地轻视感情的市侩。人类在忘记自己的神圣之后，将重新记起上天经常与人类的世界保持接触，决不能把人类世界放弃给现代这些厉声嚎叫、酷嗜人血的豺狼。

印度的民族主义

我们印度的真正问题不是政治问题，而是社会问题。这不仅是印度的情况，而且是所有国家的情况。我不相信什么单纯的政治利益。西方的政治已经支配西方的理想，我们印度正在努力模仿你们。我们不能不记住，欧洲各国人民一开始就拥有种族团结，那里的自然资源不能满足居民的需要，它的文明自然具有政治侵略和商业侵略的性质。因为一方面他们没有内部纷争，另方面他们不得不对付强大的、具有掠夺性的邻国。他们把自己完善地组织起来，并且对别人采取敌视的戒备态度，以此作为他们解决问题的办法。过去，他们组织起来进行抢劫，现在，依然保持同样态度——他们组织起来剥削全世界。

但是印度有史以来一直有它自己的问题——种族问题。每个民族都要意识到自己的使命，而我们在印度必须认识到，当我们力图成为一个政治实体的时候，我们的形象是很难看的，这完全是因为我们还没有能够完成上天交给我们的使命。

种族团结问题是我们多年来力图解决的问题，也是在你们美国面临的问题。这个国家的许多人问我，印度的种姓制度是怎么回事。对我提出这个问题的人常常带有一种优越感。我不由得以稍加改变的提法向批评我们的美国人提出同样的问题："你们是怎样对待红种印第安人和黑人的?”因为你们并没有改变对待他们的种姓态度。你们使用残暴的方法避开其他种族,但是在你们美国解决这个问题之前,你们没有权利质问印度。

尽管我们有很大困难,然而印度仍然做了一些事情。它设法在种族之间进行调整,承认真正存在于种族之间的差别,并且寻求团结的某种基础。这个基础来自我们的先哲那纳克、喀毕尔、柴特纳雅等人,他们倡导印度所有种族信奉一个上帝。

在寻求解决我们的问题的办法时,我们也会有助于世界问题的解决。印度的过去就是全世界的现在。由于科学提供的便利,全世界正在变成一个国家。你们也必须找到一个非政治的团结基础,这样的时刻正在到来。如果印度能够向世界提供它的解决办法,那将是对人类的贡献。只有一种历史,那就是人类的历史。一切民族的历史不过是这种巨大历史的一些篇章。我们在印度情愿为实现这个伟大事业含辛茹苦。

每个人都有他的利己主义。因此,他的兽类本能使他为了单纯追求自身利益,而同别人斗争。但是人类还有更崇高的同情和互助的本能。缺乏这种崇高的道义力量而且彼此不能结成伙伴关系的人,他们一定会灭亡,或者在堕落中生活。唯有具备强烈的合作精神的人,才能生存,并创造文明。因此,我们发现有史以来人们就不得不在两者之间作出抉择:互相斗争或者联合。为自己的利益服务或者为全体的共同利益服务。

在我们早期的历史上,每个国家的地理疆域和交通设施的规模都很小,这个问题就其范围来说是比较小的。人们在他们各自分离区域内培育他们的团结感也就足够了。那时候他们自己联合起来，同别人斗争。然而正是这种联合的道义精神才是他们伟大之处的真正基础，并且抚育了他们的艺术、科学和宗教。那时候，人们不得不注意的最重要的事实，就是一个特定的人类种族的成员彼此密切接触的事实。只有那些通过他们的崇高本性真正了解这个事实的人，才能在历史上占有他们的地位。

现代最重要的事实是，所有不同的人类种族都亲密地来到一起。我们再次遇到两种抉择。问题是属于不同集团的人不是继续互相斗争，就是找出某种和解的真正基础并且互相帮助；不是无休止的竞争就是合作。

我毫不怀疑地说，拥有爱的道义力量和精神团结的眼光的人，对异族人的敌对感情最少并且能够设身处地对别人有同情心的人，将是在我们面临的这个时代最适合占有永久地位的人；而那些不断发展他们的斗争本能和不容异己的人，将被消灭。这就是我们面临的问题，我们必须凭借我们更崇高的本性的帮助来解决它，从而证明我们的人性。为了伤害他人并避开别人打击、为了挣钱而把别人拖在后边的庞大组织，不会帮助我们。相反，由于它们的沉重躯体，它们的高昂代价和它们对活的人性的有害影响，它们会在更高文明的更广阔的生活中严重地妨碍我们的自由。

在民族的演变过程中，兄弟情谊的道德文明受到了地理疆界的限制，因为那时候这些疆界是实在的。可是现在它们已经成为传统上的想象的界线，并不具有真正障碍的性质。因此人类的道义本性必须极端认真地对待这个重大事实，否则就要灭亡。环境改变的首次刺激，酿成了人类的贪欲和残酷仇恨的卑鄙感情。如果这种情况无限期地持续下去，军备扩充到不可想象的荒唐地步，机器和仓库以它们的污秽、烟雾和丑恶，包围这个美好的世界，那么世界将在自杀的熊熊烈火中毁灭。所以人类必须运用他的爱的全部力量和明澈的眼力作出另一次伟大的道义上的调整，这种调整将包括整个人类世界，而不只是分散的民族。现代的每个人为了争取新时代的黎明都要使自己和自己的环境有所准备，这样的号召已经来到。在新时代的黎明，人将在全人类的精神团结中发现自己的灵魂。

如果完全指望西方从较低的山坡挣扎着爬上人类精神的顶峰，那么我不能不想到，实现上帝和人类的这个希望，就是美国的特殊使命。你们是期望之国，期待着现在没有的东西。欧洲积重难返，而美国尚未定型。我知道美国没有旧传统的束缚，而且我理解实验主义是美国年轻的标志。它的光荣的基础在未来，而不在过去；假如有人赋有洞察力，他就能够爱未来的美国。

美国注定要向东方证明西方文明的价值。欧洲已经不相信人性，并且变得多疑而令人厌恶。可是美国并不悲观或疲惫厌倦。作为一个民族，你们知道世上存在着善和至善，这种良知驱使你们前进。有些习惯不但是消极的，而且是肆意妄为。它们不像单纯的围墙，而像带刺的树篱。欧洲多年来一直在栽培这些习惯的带刺树篱，直到它们在自己的周围长得又稠密又高大。它的传统的骄傲在自己的心目中深深地扎下了根。我不愿争辩说，它是不合理的。但是一切形式的骄傲最后将产生盲目性。像一切人造兴奋剂一样，它的最初效用是使人的感觉兴奋，随着剂量的增加，它使感觉变得糊里糊涂，以至兴奋得失去自制。欧洲逐渐变得固执地以它的外在和内在的习惯为骄傲。它不但不能忘记它是西方的，而且利用一切机会对别人抛出这个事实,使他们感到羞辱。这就是它越来越不能将它最好的东西给予东方,并且不能用正确精神接受东方长期积累的智慧的原因。

在美国,民族的习惯和传统还没有时间在你们的心头扎根生长。当你们以自己的漂泊无定的状况同欧洲的固定传统相比时,你们经常感到并且抱怨自己的不利条件。欧洲能够依靠它的过去最有利地显示它的伟大形象。但是在目前这个过渡时代,文明的新纪元正向现在世界各国人民吹响它的号角,号召他们面向无限的未来。正是因为你们这种超然的自由使你们能够响应它的号召,实现前面的目标,欧洲朝这个目标开始了它的行程,但中途迷失了方向。因为权力的骄傲和占有的贪欲引诱它离开了自己的道路。

你们个人不仅不受思想习惯的束缚,你们的历史一点也没有遭到玷污,因此,在你们的生涯中适于高举未来文明的旗帜。欧洲所有大国在世界其他地方都有它们的牺牲品。这不仅减弱它们在道义上的同情,而且减弱了它们在智力上的同情,这种同情对于了解和自己不同的种族是很必要的。英国人永远不能真正了解印度,因为他们不能无私地对待印度。如果你拿英国同德国或法国相比,你会发现以任何同情的见解或彻底的态度研究印度文学和哲学的学者,在英国是最少的。在关系不正常和关系建立在民族自私和骄傲自大的基础上的地方,这种冷漠和轻蔑态度是很自然的。但是你们的历史是没有私心的,这就是为什么你们能够帮助日本学习西方文明,为什么中国在最黑暗的危险时期能够充满信心地指望你们的原因。事实上你们正履行着对伟大未来的全部责任，因为你们并未受到过去的过于吝啬的约束。所以，世界上所有国家当中，只有美国充分意识到这个未来，它的眼光必然不会受到蒙蔽，它对人类的信心必然会像青春的活力一样强烈。

美国和印度有一种相似的主张——各个种族融合成一个整体。

在我们国家，我们一直在寻求各个种族的共同处，这种共同处将会证明它们的真正团结。没有一个单纯寻求以政治或商业为团结基础的民族会认为这是一种完满的解决办法。然而有头脑有能力的人，将会发现精神团结，会实现这种团结，并且会鼓吹这种团结。

印度从来没有真正的民族主义观念。尽管我从幼年就被教导说，对民族的盲目崇拜似乎比崇拜上帝和人类要好些；但是我相信我已经成长到不受这种教导束缚的程度，而且我确信，我的同胞将通过反对这种认为国家比人类理想更伟大的教育的斗争，真正获得自己的印度。

目前受过教育的印度人，正试图从历史上吸取某种同我们祖先的教训背道而驰的教训。事实上，东方正企图接受一种并非它自己的生活结果的历史。例如，日本认为它变得强大是采用西方方法的结果，可是它在耗尽它的遗产以后，剩下的将只有从西方文明借来的武器。它不会得到内在的发展。

欧洲有它的过去。因此欧洲的力量蕴藏在它的历史当中。我们在印度必须下定决心，不能抄袭别人的历史，如果我们窒息自己的历史，那将是自杀。在你剽窃不属于你的生命的东西时，这些东西只会毁坏你的生命。

所以我相信，印度在自己的土地上同西方文明进行竞争，是没有好处的。但是，如果我们信从自己的命运，而不顾强加在我们头上的侮辱，我们会得到更多的报酬。

有教授知识的课程，有训练我们的头脑以便从事脑力工作的课程。这些课程简单易学，使用方便。但是还有其他课程，它们影响我们更深刻的本性，并且改变我们的生活方向。我们在接受它们并以出卖自己的遗产作为支付它们的价值以前，必须深思熟虑。在人类历史上有的时代像花爆似的，它们的力量和运动使我们眼花缭乱。它们不仅嘲笑我们朴实无华的家用油灯，而且嘲笑永恒的群星。但是，让我们不要由于这种刺激而轻率地抛弃我们的油灯。让我们耐心地忍受目前的侮辱，并且认识到这些花爆虽然光彩夺目，但是不能常久如此，因为极端易爆既是它们有力的原因，也是他们容易耗尽的原因。同它们产生的结果相比，它们花费了大量的精力和物质。

无论如何，我们的理想是通过自己的历史演变而来的，即使我们想做花爆，我们也只能制成这些理想的拙劣的花爆，因为所用的材料和你们的不相同，它们的道义目的也和你们不一样。如果我们希望付出一切代价购买一个政治上的民族，那就和瑞士用自己的生存作赌注来实现建立一支强大到足以同英国抗衡的海军的野心一样，是同样的荒谬。我们的错误是，认为人类伟大的途径只有一条，而这条途径目前已经由于它充满着对人的侮辱而显得很刺眼。

我们应当明确地认识，未来就在我们面前，它正等待着那些富有道义理想的人，而不是单纯富有财产的人。人类拥有特权能够为他不能立刻得到的成果而工作，并且调整他的生活，不去盲目仿效那些眼前成功的榜样，甚至也不去盲从自己的谨慎的、抱有有限希望的过去，而是在内心适应充满着最高期望的理想的无限未来。

我们应当承认，西方来到印度是幸运的事情。可是仍然要有人要向西方介绍东方，使西方相信东方在文明历史的形成方面有它的贡献。印度不是向西方乞讨的国家。可是，尽管西方可能认为它是乞丐，我也不想抛弃西方文明，闭关自守。让我们紧密地联系起来。如果上帝认为需要英国作为这种交往和紧密联系的桥梁，我愿意十分谦恭地表示同意。我对人类本性抱有巨大的信心，我认为西方将会发现它的真正使命。当我意识到西方在背叛它所信任的东西并且背弃它自己的目的时，我尖刻地谈到了西方文明。西方不应当为了自私的需要使用自己的力量，使自己成为世界诅咒的对象；而应当教育无知者，帮助弱者，使弱者获得足够的力量抵抗它的入侵，从而使自己摆脱强者容易招致的最严重的危险。它也不应当把实利主义当做它的终极目的，而应当认识到，它正在为精神摆脱物质的专制服务。

我并不反对一个特定的民族，而是反对一切民族的一般概念。民族是什么？

它是全体人民作为一个有组织的力量的表象。这种组织不断地使居民坚持谋求强大而有效率的努力。但是这种热衷于追求力量和效率的努力，耗尽了人类更高尚的本性中自我牺牲和创造性的精力。因此，人类自我牺牲的力量偏离了它的最终的道义目标，转向维持这个机械的组织。人们在这方面感到洋洋得意、非常满足，因此，这就成了对人类的最大威胁。当人类能够将他的责任移交这种机器的时候,自己的良心会感到宽慰,这种机器是他的智力的产物,而不是他的完整的道义个性的产物。爱好自由的人们通过这种机器装置使世界上一大部分地区的奴隶般劳动永久存在,他们有一种尽到职责的惬意的骄傲感;原本正义的人们,能够在行动和思想上变得无情无义,同时却以为他们正帮助世界获得美德;诚实的人们为了自我扩张可以胡乱地剥夺别人的人权,反而辱骂被剥夺者不配得到更好的待遇。我们已经在日常生活中看到,即使很小的商业和职业组织,也会在原本不坏的人们当中产生冷漠无情的感情。我们很可以想象,世界上所有国家的人民为了取得财富和权力,自己疯狂地组织起来,这会在世界上造成什么样的道义上的崩溃。

民族主义是一个巨大的威胁,它是多年来印度各种产生麻烦原因中最特殊的情况。由于一个在政治态度上是严格的民族已经统治着我们,我们不顾从过去继承的东西,已试图从自己内部培育一种信念,相信我们最终的政治命运。

印度存在着有不同理想的各种党派。某些党派正为政治独立而斗争。其他党派认为,争取独立为时过早,然而相信印度应当拥有英国殖民地所拥有的权利,他们希望尽快取得自治。

印度政治运动史的初期,各党派之间并不存在今天所存在的冲突。当时有一个叫做印度人大会的党,这个党没有真正的纲领。他们对于当局的调整有些不满。他们要求在议会中拥有更大的代表权,并在市政管理中有更多的自由。他们提出一些零星的要求,但是没有建设性的理想。因此,我对他们的办法缺乏热情。我坚信,印度最需要的是它自己内部的建设性工作。在这种工作中,即使在严酷的迫害下,我们也必须甘冒一切艰险,履行我们的天职;经过失败和苦难,我们的每一步骤都取得了道义上的胜利。我们必须向统治我们的人显示,我们自己拥有道义力量,有为真理而受难的力量。如果我们无可显示,我们只好去乞求。如果我们所祈求的礼物立即赐予我们,那将是有害的;我已经一再告诉我的同胞:联合起来,为了创造发扬自我牺牲精神的机会,而不是为了乞求。

印度人大会失去了力量,因为人民很快认识到他们采取不完全的政策是如何地无济于事。这个党分裂了,出现了极端分子,他们主张独立行动,抛弃乞求的方法——这是使一个人在思想上解除他对国家的责任感的最容易的方法。他们的理想是以西方历史为根据。他们对印度的特殊问题并不同情。他们不承认,我们的社会组织中存在着使印度不能同外族人相抗衡的种种原因这个明显的事实。如果英国由于某种原因被赶走,我们应当怎么办?我们只能是为其他民族的牺牲品,同样的社会弱点会占优势。我们在印度不得不考虑的事情是:要清除那些产生缺乏自尊和完全依赖我们的统治者的社会风气和观念,这种状态完全是由种姓制度在印度的支配地位和依赖传统势力的盲目性和惰性所造成的,而这种盲目性和惰性都是与现代不相称的时代错误。

我再次请你们注意印度所遭遇的困难以及它为克服这些困难所进行的斗争。印度的问题是世界问题的缩影。印度的地域过于辽阔,种族也太复杂。它是许多地区挤在一个地理容器的国家。欧洲的实际情况正好相反,它是一个地区分成许多国家。因此,欧洲的文化和发展,既有多样性力量的优越性又有单一性力量的优越性。相反,印度本来是多样性的,却偶然成为单一性,因而始终遭受由松散多样性和脆弱的团结所带来的痛苦。真正的团结像一个圆球体,带着自身的负担转动起来很容易;但是多样性是一种多角的东西,推或拉都必须使用力气。这种多样性不是印度自己的创造,而是有史以来不能不接受的事实,这可以说是印度的光荣。欧洲人在美国和澳大利亚几乎消灭了当地原有的居民而使问题变得简单了。甚至在现代,这种灭绝种族的精神还有表现,在他们现在占据的土地上,他们自己本是外族人,却毫不客气地把外族人排斥在外。但是印度一开始就容忍种族的差别,而且这种容忍精神贯穿于它的全部历史。

印度的种姓制度是这种容忍精神的产物。因为印度一直在试验发展一种社会团结,使不同种族的人民可以结合在一起,同时又充分享有保持各自特殊性的自由。这种结合尽可能地松懈,可是在环境许可时又尽可能地紧密。这产生了某种类似社会联邦的一种合众国的东西,它的通常名称就是印度教。

印度曾经认为不论种族多样性的缺点是什么,种族的多样性是必然的而且是应当有的,你决不能有朝一日不付高昂代价而迫使自然纳入你的狭小的方便范围。在这一点上,印度是对的;但是印度不了解的是,人类的差别不像高山那样的自然障碍固定不变,它们随着生命的不息而变动,不断地改变自己的进程、形式和内容。

所以,印度在它的种姓制度中承认差别,但是不承认作为生命规律的变异。在试图避免冲突时,它建立了固定的壁垒作为界线,从而给它的许多种族带来和平和秩序的消极利益,而不是发展和运动的积极机会。它承认产生差别的自然,但是忽视为了无穷变更和组合的世界竞赛而利用这种差别。它认真对待各种生命,但是损害不断运动的生命。所以生命脱离了它的社会制度,它隆重崇拜的是它所制造的分成无数间隔的大牢笼。

在它力图避免行业之间的利害冲突时,发生了同样的情况。它将不同的行业和职业与不同的种姓联系起来。这可以永远避免由竞争引起无休止的妒忌和仇恨,这种竞争滋生残忍,并且造成充满谎言和欺诈的气氛。印度在这方面也十分强调遗传的规律,而忽视变异的规律,因而逐渐使艺术降低为手艺,使天才降低为技术。

然而,西方观察家不了解的是,印度在它的种姓制度中认真负起了解决种族问题的责任,既避免一切摩擦,又给予每个种族在自己的界线以内的自由。我们不妨承认,在这方面印度并没有获得完全的成功。但是你们也应当承认,西方虽然在种族的同质方面处于更有利的地位,却从来没有注意这个问题,而每当遇到这个问题时,它总是完全置之不顾,处之泰然。这就是它的反亚洲运动,剥夺外族人在这个国家谋求正当生活权利的原因。在你们的大多数殖民地,你们只在他们接受低下劳动者的卑贱地位的情况下才承认他们。否则,你们不是将外族人拒之于门外,就是将他们降到奴隶地位。这就是你们解决种族冲突的办法。不管这种办法的是非曲直如何,你们不能不承认,它不是来自文明的崇高动力,而是来自贪婪和仇恨的卑鄙感情。你们说这就是人类本性。印度也认为,它在用社会等级的固定壁垒大力掩盖种族区分的时候,它是懂得人类本性的。但是我们吃过苦头以后发现,人类本性并不在于它的外表,而在于它的实际;它存在于它的无限可能之中。当我们由于人性的外表不协调而盲目损害它时,它脱下佯装让我们看到我们损害的就是我们的上帝。我们因骄傲和私利对别人所进行的贬抑,贬低了我们自己的人性——这是最可怕的惩罚,因为到我们发觉时已为时太晚。

不仅你们同外族人的关系,还有你们同自己社会里不同阶层的关系,都没有实现和谐一致。冲突和竞争的情绪达到了肆无忌惮的程度。因为这起源于对财富和权力的贪婪,所以它除了暴死以外没有其他结局。在印度,商品生产受到社会调节规律的支配。它的基础是合作,它的目的是完善地满足社会需要。但是在西方,商品生产由竞争所推动,目的是为了个人获得财富。但是个人就像几何学上的线那样,它只有长度而没有宽度。它没有能够永久容纳任何东西的深度。因此,它的贪婪或唯利是图永无止境。在它的延长过程中,它可以越过其他的线,并造成纠葛,但是它将不断在它的孤单状态中失去完整的理想。

我们承认,我们人的胃口是有限度的。我们知道,超过这个限度就是超过健康的限度。难道对财富和权力的欲望就没有限度,超过这个限度不就是死亡的范围吗?在这种物质至上的民族狂热中,西方各国人民不是正在把他们的最主要的精力花费在单纯生产财物上,而忽视理想的创造吗?一种文明能够忽视道义健康的规律,贪食物质财富,无止境地膨胀下去吗?人类按照自己的社会理想自然要设法限制自己的欲望,使它从属于人类本性的更崇高的目的。但是在经济领域,我们的欲望除了遵循供求的限制以外,不受其他限制,而供与求可以人为地形成,为个人提供机会,以沉湎于无休无尽的大量享受。在印度，我们的社会本能限制我们的欲望——也许它受到极端的抑制——但是在西方，经济组织没有道义目的，它的幽灵驱使人们不断追求财富，难道就没有适度的限制吗？

力图在各种社会制度中体现出来的理想，有两个目的：一个是为了人类的和谐发展而调节人们的感情和欲望，另一个是帮助人们培养对人类的无私的爱。因此，社会是人类的道义和精神抱负的表现，这种抱负属于人类更崇高的本性。

我们的食物是有创造力的，它构成了我们的身体；但是刺激性的酒类并非这样。我们的社会理想创造人类世界，但是当我们的思想背离我们的社会理想而转向对权力的贪求时，那么在那种如醉如狂的状态下，我们就会生活在一个不正常的世界里，在那里，我们的力量并不健康，我们的自由并不自由。所以，在我们的思想不自由的时候，政治自由并不能给我们自由。汽车不能创造运动的自由，因为它仅仅是一部机器。当我自己自由的时候，为了自由的目的我们能够利用汽车。

我们现在一定不要忘记，已经得到政治自由的人们，不一定就是自由的，他们只是有权威的。他们正在自由的掩盖下狂热地制造庞大的奴役组织。以挣钱为最高目的的人，正不知不觉得把他们的生命和灵魂出卖给富人或者代表金钱的组合体。迷恋于政治权力和热衷于扩展对外族的统治的人，逐渐使他们自己的自由和人性交付于奴役他族人民所必要的组织。在所谓自由的国家里，多数的人民是不自由的，他们被少数人驱使，走向连他们自己也不知道的目标。这所以成为可能，只是因为人们不承认道义自由和精神自由是他们的目的。他们用自己的狂热制造巨大的旋风，由于这种旋风的旋转运动使他们感到茫然如醉，以为这就是自由。但是等待袭击他们的厄运，如同死亡一样是确定无疑的——因为人类的真理是道义的真理，而人类的解放是精神生活的解放。

当前印度的多数民族主义者普遍认为，我们的社会和精神理想已经尽善尽美，社会的建设性工作在我们出生以前就已经进行了几千年，现在我们可以在政治方面自由地从事我们的活动。我们从来没有想到要把我们目前的无可奈何归咎于我们社会机能的不健全，因为我们接受的民族主义信条是，这种社会制度已经由我们的祖先一劳永逸地使之完善；我们的祖先有超人的眼光，这种眼光具有永恒的超自然的力量，可以为未来的时代作出无限的准备。因此，我们认为我们的一切苦难和缺点都应由外部闯进来的历史偶然性负责。这就是我们认为我们的唯一任务就是在社会奴役的流沙上建立一种自由的政治奇迹的理由。事实上，我们是要阻挡我们自己的历史的真实潮流，而且只从别国人民的源泉中借入力量。

我们印度人当中有些人幻想单纯的政治自由将使我们得到自由，他们把从西方得到的教训当做绝对真理，而对人类却丧失信心。我们必须记住，我们社会所有的任何弱点，都将成为政治上的危险根源。导致我们盲目崇拜社会制度的僵硬形式的那种同一惰性，将在我们的政治中形成坚固的监牢。狭隘的同情，使得我们可能将折磨弱者的枷锁强加在相当一部分人的身上，在我们产生暴虐不义的政治中将会表现出来。

我们的民族主义者在谈论理想的时候，忘记了民族主义缺乏基础。拥护这些理想的人,正是在社会实践中最保守的人士。民族主义者说,试以瑞士为例,该国尽管存在着种族差别,但人民仍然团结成为一个民族。可是要记住,瑞士各个种族可以混合,他们可以通婚,因为他们属于同一血统。在印度,并不存在生而具有的共同权利。我们在谈到西方民族时,忘记了西方民族没有我们的不同种姓之间那种自然的互相排斥的现象。不允许在血统上混合的人民,除了被强迫或为了图利以外,能够相互为对方而流血,全世界能有这样的例子吗?我们能否指望这些妨碍我们种族混合的精神障碍不会妨碍我们的政治团结么?

还有一种事实我们必须予以充分承认,那就是我们的社会限制仍然很专横,以至于使人变成了懦夫。如果有人告诉我,他有异端思想,但是他不能奉行这种思想,因为他会在社会上遭到排斥。我原谅他竟然为了生活不得不过着一种不真诚的生活。社会上的思想习惯迫使我们将自己的同伴的生活变成他们的负担,甚至在选择食物这样的事情上他们和我们都有不同。这种习惯肯定要在我们的政治组织中长久存在下去,并且产生强制性的手段,以粉碎任何表示生命象征的合理差异。而专制在我们的政治生活中只会增加不可避免的谎言和伪善。只是自由这个名称就这样有价值,以至于我们甘愿为它牺牲我们的精神自由吗?

对我们的习惯不加节制,在我们年轻精力旺盛的时候不会立即显出它的影响。但是它逐渐消耗这种精力,到衰老时期我们不得不结算账目,并且偿还导致我们破产的债务。在西方,你们仍然能够趾高气扬,虽然你们的人性正每时每刻都受到有组织的力量的疯狂折磨。印度也处于它的青春期,能够在它的生命机体中承受它那一成不变的社会组织的可怕力量，但是这对它来说关系重大，并且已经使它的充满生气的本性逐渐变得麻木不仁。印度知识阶层对印度的社会需要漠然无知，原因就在这里。他们正把我们的社会结构的固定不变做为完善的标志——因为我们的社会结构的肢体对疼痛的正常感觉已经麻木，他们却误认为这个结构不需要帮助。因此，他们认为他们的全部精力只需要在政治领域里拥有活动范围。就像双腿变得萎缩而残废的人，力图欺骗自己说，这些肢体仍在变大，是因为它们已经得到最终的解救，他唯一的毛病就是缺少拐杖。

关于印度的社会和政治复兴就讲这些。现在我们来谈谈印度的工业。常常有人问我，自从英国政府来到以后，印度是否存在什么工业复兴。应当记住，在英国统治印度初期，我们的工业就受到摧残，此后我们没有得到任何真正的帮助和鼓励，使我们能够抵抗世界上的庞大商业组织。各国已经宣布，我们仍然作为纯农业国的人民，甚至在今后永远忘记使用武器。印度就这样被弄成许多块容易消化的食物，随时准备被任何民族吞食，哪怕这个民族只有发育最不完全的牙齿。

因此，印度的工业创造力很少出路。我个人不相信现代臃肿的商业组织。它们是丑恶的这个事实，表明它们与整个创造是不协调的。自然的巨大力量不是以丑恶而是以美来显现它的真相的。美是造物主对自己的作品感到满意时在自己作品上的签名。我们的产品，粗鲁地无视完善的规律，而且不以它们的拙笨为耻，承受了上帝厌恶的永久的沉重压力。只要你们的商业缺乏尊严，它就不是真正的商业。美和真是孪生兄弟，他们的成长，需要闲暇和自制。但是图利的贪欲没有空闲,也没有止境。它的唯一目的就是生产和消费。它既不怜悯优美的大自然,也不邻悯活着的人类。它毫不犹豫地准备无情地摧毁它们的美和生命,将它们铸成金钱。正是由于这种商业的丑恶和庸俗,使我们在早期看不起商业。当时,人们有暇明确地看到人性的完美。那时候,人们对唯利是图的本能正当地感到羞耻。但是在目前的科学时代,金钱由于它的畸形膨胀,已经变成至高无上的主宰。它高踞累累财货之上,损害人类的崇高本能,从它周围赶走了美和高贵的情操,这时候我们屈服了。因为我们卑贱地从它手中接受了贿赂,我们的想象拜倒在它那庞大躯体面前。

但是它的异常庞大和它的无限复杂,正是它衰亡的真正标志。游泳家并不用激烈的动作来显示他肌肉的力量,而以完善的姿势和自如的动作显示某种无形的力量。人和动物的真正区别,在于他内在的、无形的力量和价值。但是现代人的商业文明不仅需要过多的时间和空间,而且消磨了时间和空间。它的动作激烈,它的声音刺耳。它自作自受,因为它正把自己赖以存在的人类糟践得不成样子。它以幸福为代价拼命地挣钱。为了给自己的商业组织让出充分的活动范围,人类正在把自己缩小到最低限度。人类正在把人的情操变为耻辱,因为人的情操往往妨碍人的机器。

我们的神话当中有这样的故事:据说苦行赎罪以求永生的人,必然遇到永生之神因陀罗派遣的妖魔的引诱。如果被引诱迷惑,他就失败了。多少个世纪以来西方一直力求达到永生的目的。因陀罗派遣了妖魔去考验它。那就是琳琅满目的财富的引诱。西方被迷惑住了,西方人的文明在机器的茫茫旷野中迷失了方向。

这种重商主义带着野蛮状态的丑恶装饰,是对全人类的可怕威胁,因为它正把权力的理想凌驾于完善的理想之上。它使利己主义的迷信达到了恬不知耻的程度。我们的神经比我们的肌肉脆弱。我们的最宝贵的东西在我们不再予以细心的保护时,就像婴儿一样无用,而这种保护就是由于它们宝贵才向我们要求的。因此,当冷酷粗暴的权力在人类的广阔道路上胡作非为的时候,它拙劣地把我们多少世纪以来为之牺牲的理想吓跑了。

对于强者是致命的诱惑,对于弱者更是如此。我不欢迎它来到印度人的生活中,即使它是永生之神派遣而来的。让我们的生命具有朴素的外表和丰富的内容。让我们的文明牢固地建立在社会合作的基础上,而不是建立在经济剥削和冲突的基础上。怎样对付吸吮我们生命鲜血的经济巨龙,是摆在所有东方民族中对人类精神抱有信心的思想家面前的任务。接受和我们有不同理想的人强加于我们的条件,是懒惰和无能的表现。我们应当积极努力,促使世界各国引导我们的历史走向自己的完美目的。

根据以上所讲,你们会知道我不是一个经济学家。我可以承认存在着供求规律,以及人类对更多东西而不是对有益于他的东西的迷恋。尽管如此,我仍然坚信人类中存在着一种完全和谐的境界,那里贫穷并不剥夺人的富有,失败可以导致胜利,死亡可以导致永生,作为永恒的正义的酬报,那些坚持到最后的人,仍然可以使他们的屈辱变为辉煌的胜利。

世纪的黄昏

（用孟加拉文写于上一世纪的最后一天）

一

世纪末日的太阳在西方的血红的云海中和仇恨
　　的旋风中没落。
民族利己的赤裸裸的激情带着它那贪欲的醉狂，
　　紧随刀剑的砍杀和复仇的狂歌舞蹈。

二

民族的贪欲会由于它无耻的取食而发狂。
因为它已经把世界变成它的食物，
舐着，嚼着，大口地吞着，
　　它不断地膨胀，
直到在那邪恶的筵席上，一声霹雷突然从天而降，
　　击破它那肥大的心脏。

三

祖国呵，地平线上闪耀的通红亮光不是和平曙光。

那是火葬场的火光,民族利己的巨大尸体在焚化,
　　它因为纵欲而死亡。
黎明在东方漫长的黑夜后面等待,
　　恬静而温良。

四

守望着,印度。
携带您对那神圣日出的崇敬献礼,
让欢迎它的赞歌由您最先来唱:
"来吧,和平,您这上帝的大苦大难的女儿。
来吧,带着您的知足的珍宝,刚毅的剑,
　　和闪耀在您前额的温良。"

五

不要羞惭,我的兄弟,站在骄者和强者面前,
　　穿着您那朴素的白袍。
让您的荣誉成为谦恭的荣誉,您的自由成为灵魂
　　的自由。
就在您毫无掩饰的贫穷的基础上,
　　天天修造上帝的宝座。
要知道庞然大物并不伟大,骄傲并不久长。